无土栽培综合实践活动课程

曾女兰　主编

光明日报出版社

图书在版编目（CIP）数据

无土栽培综合实践活动课程／曾女兰主编．--北京：
光明日报出版社，2019.12
　ISBN 978-7-5194-5582-8

Ⅰ.①无… Ⅱ.①曾… Ⅲ.①无土栽培－活动课程－
中小学－教材 Ⅳ.① G634.911

中国版本图书馆 CIP 数据核字 (2020) 第 017434 号

无土栽培综合实践活动课程
WUTU ZAIPEI ZONGHE SHIJIAN HUODONG KECHENG

作　　者：曾女兰

责任编辑：王　庆　　　　　　　　　　　策　　划：顾家城　陈亚然
封面设计：北京校外慧博文化发展中心　　责任校对：傅泉泽
责任印制：曹　诤

出版发行：光明日报出版社
地　　址：北京市西城区永安路 106 号，100050
电　　话：010-63139890（咨询），010-63131930（邮购）
传　　真：010-63131930
网　　址：http://book.gmw.cn
E- mail：wqer369@126.com
法律顾问：北京德恒律师事务所龚柳方律师

印　　刷：北京艾普海德印刷有限公司
装　　订：北京艾普海德印刷有限公司
本书如有破损、缺页、装订错误，请与本社联系调换，电话：010-63131930

开　　本：170mm×240mm　　　　　　　印　张：12.5
字　　数：196 千字　　　　　　　　　　插　图：319 幅
版　　次：2020 年 1 月第 1 版
印　　次：2020 年 1 月第 1 次印刷
书　　号：978-7-5194-5582-8
定　　价：40.00 元

《无土栽培综合实践活动课程》编委会

序

我们正处在一个百年未有之大变局的时代。

我们正处在一个新时代的开端。

我们正处在由人力资源大国向人才资源强国迈进的时代。

时代呼唤中国教育要承担起育人、改造人、培养人的历史责任，从认知能力、合作能力、创新能力、职业能力四个方面走出一条立德树人、实践育人的新路。

在这一新的神圣历史任务和使命面前，校外教育正面临着前所未有的时代机遇和挑战。这种挑战已经不是仅仅停留在校外教育课程改革、教学方式改革所能解决的层面，而已经深刻触及了校外教育的定位和发展方向的核心。

今天，每一个校外教育管理者都面临着如何与教育改革同步调整校外教育服务对象、摆正校外教育与学校教育的关系、构建新的校外教育发展平台的新时代命题。

我欣喜地看到，香河园少年之家积十几年校外课程建设之经验，编写了这本《无土栽培综合实践活动课程》。他们通过建立无土栽培温室，为青少年提供综合实践基地，为学校开展综合实践活动课程提供项目和场所，为学校通过实践育人，实现教育教学任务提供辅助，他们的无土栽培项目已经成为朝阳区"三个一"项目的特色项目。这在传统的校外教育领域无疑是一种成功的实践。

经过第二轮新课改的洗礼，特别是实践教育的强力推动，学校教育迅速转向综合实践学习、自主开放发展的新的发展阶段。社会实践教育成为教育改革的主旋律。在这一大的背景下，校外教育机构已经逐步丧失了作为学校与校外连接桥梁的优势。今天的校外教育机构迫切需要在更大的范围、更广泛的空间开展合作，以实现资源共享、优势互补，携手打造新的适应学校教育需求，适合青少年发展的校外教育活动平台。

同理，面对新的教育改革形势，固守传统的校外教育兴趣小组活动模式已经不能适应今天学校教育改革的发展需要。不仅学校教育在积极创新，校外教育更需要创新，更需要在新时代面向社会的新的大教育格局下创新教育形式，创造教育环境，营造青少年成长发展的校外空间。因此，合作创新、共谋发展既是今天所有校外教育机构的迫切需要，也是今天全体校外人的共同心声。

一是创新。2017年9月，中共中央、国务院《关于深化教育体制机制改革的意见》提出了"全员育人、全过程育人、全方位育人"的社会共同育人格局。学校、家庭、社会的教育功能与职能被迅速挖掘出来，形成了教育社会化发展的良好局面。在这一社会大教育的形势面前，校外教育机构更应该紧紧抓住时代发展机遇，利用自身处于学校教育和社会衔接点的优势，创新教育手段，开辟教育渠道，构建学校与机关、团体、企事业单位及街道、社区、镇村、家庭共同育人的格局。

二是融合。自2006年中共中央办公厅、国务院办公厅《关于进一步加强和改进未成年人校外活动场所建设和管理工作的意见》提出"建立健全校外活动与学校教育有效衔接的工作机制"的任务要求后，各级校外教育机构在校外与学校衔接方面做出了积极有益的尝试和探索，课后330、夏（冬）令营等活动获得了蓬勃开展。今天随着教育改革的深入发展和学校社会实践教育的普及深化，校外教育机构更应该发挥自己社会实践教育优势，校内外的关系从衔接走向融合已经是不争的发展趋势。

三是服务。在过去一个时期，我们强调校外教育机构的定位是"示范、引领、服务"的功能，而在今天校内外教育大融合的趋势下，校外教育机构的"示范、引领"作用正在逐步滑落。但学校对校外教育的需求缺口愈来愈大。因此，校外教育机构面临着从引导到服务的转型问题。关键是如何服务、如何满足学校日益增长的校外教育需求。只有在创新的服务当中才能逐步发挥校外教育机构的"示范、引领"的功能。

四是协同。校外教育机构作为地域性的一级教育组织，承担的是引导本地区青少年走向社会的重任，是本地区学校与学生走出校门、走向社会的窗口之一。这就需要各级校外教育机构牵手合作，资源共享、渠道共用，打造社会、学校、校外教育机构协同发展的共同体，承担起构建社会公共教育服务体系主流脊梁的作用。

朝阳区校外教育基于校外教育集团的统一引领，以"一体两翼 融合发展"的全人教育为理念，积极倡导各级校外教育机构面向各级中小学校构建开放、综合、共享、融合的校外教育平台，努力建构适合中小学生全面发展的，符合校外教育特点的，发挥校外教育优势的校外实践活动课程，打造中小学生社会实践大课堂。

从这个意义上讲，香河园少年之家无土栽培课程的实践与创造为我们提供了一个可资借鉴的范例。

孙 迅

2019年12月

目录
CONTENTS

第一篇 理论研究
——课题成果

内容概要

→ 课题概述

→ 无土栽培实践课程理念

→ 无土栽培实践课程建构

→ 无土栽培实践课程实施

课题概述

  2018年，中国人生科学学会开展了"十三五"规划教育科研课题《德育与校外教育活动课程一体化建设研究》（如图1-1）。从校外教育角度首次提出了校外教育活动课程德育教育一体化渗透的教育思想。该课程一经提出，即获得了全国各级校外教育机构的积极响应。北京市朝阳区香河园少年之家率先加入了研究的行列，开设了《德育与校外教育活动课程一体化建设研究——北京市朝阳区香河园少年之家无土栽培活动课程研究》子课题，将自己已开设多年的无土栽培校外活动课程作为课题实验研究的对象，开展德育课程一体化在校外教育领域的实践研究。

  香河园少年之家建立无土栽培温室，为青少年提供综合实践基地，为学校开展综合实践活动课程提供项目和场所，为学校通过实践育人，实现教育教学任务提供辅助。2018年，出版了《生命的萌芽——无土也开"快乐"花》普及性读本（如图1-2），系统介绍了无土栽培技术和基础知识。

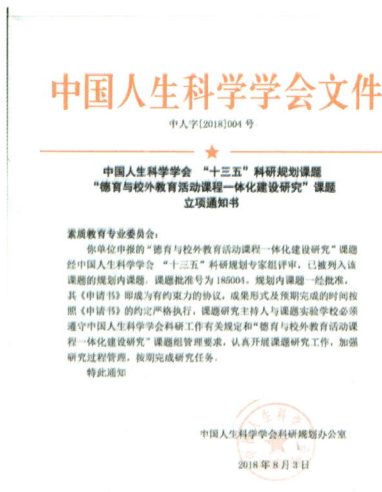

图1-1

图1-2

  经过几年校本课程的建设与发展，香河园少年之家无土栽培项目面向辖区内中小学5000多名师生提供服务。少年之家秉承"科技引领，多元发展"的办学宗旨，少年之家的无土栽培温室为青少年提供综合实践基地，解决学校综合实践课程场地与设施不足的问题，为学校完成教育教学任务提供辅助，充分为青少年科技引领提供优质的成长环境，搭建展示的平台，极大地丰富学生的综合实践活动，每年接待学生参与无土栽培的实践活动达到1万人次，带动辖区内7所学校种植科技小组活动的开展，为校内教育活动进行有效补充。随着教育改革的推进，香河园少年之家开展了无土栽培校本课程的第三阶段工作，进行"德育与校外教育活动课程一体化建设研究——香河园少年之家无土栽培实践活动课程研究"。

经过近一年的活动实验，该课题取得了重大进展，在构筑校内外融合育人，校内外协同发展，共同开展德育渗透教育方面收获了一批教育研究成果，为新时代校外教育的定位与发展进行了积极的探索。本书即为该课题研究成果的具体呈现。

第一章 无土栽培实践课程理念

第一节　立德树人是教育的永恒主题

德育一直是教育经久不衰的话题。

教育的对象是人，人的发展的未完成性，决定了教育的必要性。人只有受过教育，才能够成为人。教育为人所需要，促进人的发展和完善，是教育的唯一目的，也是教育存在的唯一依据。因此，育人是教育的原点，成"人"是教育的真谛。这是一个不言自明的教育常识。

"培养什么人，怎样培养人"，是我国社会主义教育事业发展中必须解决好的根本问题。党的十八大报告提出："坚持教育为社会主义现代化建设服务、为人民服务，把立德树人作为教育的根本任务，培养德智体美全面发展的社会主义建设者和接班人。"十八大报告明确把"立德树人"写进教育方针，坚强而有力地回答了这一事关党和国家前途命运的问题，具有里程碑式的意义。

立德树人，既是一个永恒的主题，也是一个时代的主题。说它是一个永恒的主题，因为树人是教育的根本，只有立德，才能成人；只有在"以人为本"的时代，教育才能回归人。说它是一个时代的主题，因为当代中国正处在21世纪民族伟大复兴的转折关头，正在由一个经济大国向经济强国转变。时代呼唤社会涌现成千上万的合格的建设者和拓荒者；时代需要成千上万的社会主义建设者和栋梁之才。"国无德不兴，人无德不立"。伟大的、复兴的、发展中的社会主义国家需要道路自信、理论自信、制度自信、文化自信的民族传人。

从2010年7月8日，中共中央、国务院关于印发《国家中长期教育改革和发展规划纲要(2010 - 2020年)》的通知（中发[2010]12号），正式把"育人为本"作为教育工作的根本要求，到中共中央、国务院《关于深化教育教学改革全面提高义务教育质量的意见》，把"立德树人"，着力培养担当民族复兴大任的时代新人作为教育的根本目的；从《中国学生发展核心素养》的出台，到《中小学生德育工作指南》，把育人为本、德育为先列为教育的首要任务。坚持教育与生产劳动、社会实践相结合，坚持学校教育与家庭教育、社会教育相结合，不断完善中小学德育工作长效机制，全面提高中小学德育工作水平，为中国特色社会主义事业培养合格建设者和可靠接班人作为中国教育发展的宗旨与根本目标。

由此，我们对教育的认识完成了从社会向人的转变，使教育回到它的原点——人，回归其本真——育人。人作为人，不是片面的政治人、经济人，而是全面发展的、德才兼备的人。司马光《资治通鉴》指出，"才者，德之资也；德者，才之帅也。才德全尽谓之圣人，才德兼亡谓之愚人，德胜才谓之君子，才胜德谓之小人。"我们需要德才兼备的圣人或君子，但"苟不得圣人，君子而与之，与其得小人，不若得愚人。"俗话说，有德无才是废品，有才无德是危险品。德不立，不能为人，也不能成才。这是成人成才之道。

育人的方法有哪些？中共中央、国务院《关于深化教育教学改革全面提高义务教育质量的意见》和《中小学生德育工作指南》中明确指出了六大途径："课程育人、文化育人、活动育人、实践育人、管理育人、协同育人。"将德育工作全面落实到生活中，并提出了明确规范的要求和具体的操作化策略。

课程育人。要突出课程的主渠道。德育课程有直接与间接之分。直接德育课程是以德育为主要内容的课程。间接德育课程是指在其他学科课程中渗透的德育内容。任何课程都蕴含着丰富的德育资源，要充分挖掘其他课程中的德育内容，发挥其他课程的德育功能。

文化育人。文化是一个民族赖以生存和发展的根基，是民族的灵魂，具有弥漫性和内隐性。要以文化的氛围感动人，以文化的传承培育人，以榜样的人格教育人，以社会的规则和制度规范引领人的行为，要建设全员育人机制，增强全员育人的自觉性。

活动育人。要充分利用各种活动开展德育教育。活动是道德认知扩展向道德行为转化的重要机制。一切德育工作包括德育课程，都应该通过活动来组织。学校的德育活动，常规性的有升旗仪式、国旗下讲话、团日活动、班队活动、主题班会、社团活动等，以及校外的劳动实践、校外实践活动、研学旅行活动，都是活动育人的重要途径。学生在丰富而多样的社会活动的体验中，认识自我，感悟人生，提升能力。

实践育人。要切实改变重理论轻实践、重知识传授轻能力培养的观念，注重学思结合，注重知行统一，注重因材施教，以强化实践教学为重点，以创新实践育人方法途径为基础，以加强实践育人基地建设为依托，以加大实践育人经费投入为保障，积极调动整合社会各方面资源，形成实践育人合力，着力构建长效机制，努力推动实践育人工作取得新成效、开创新局面。

管理育人。以民主的制度管理育人，通过校园文化建设，优化校园环境，建设网络文化，加强和改善德育工作的组织保障和实施策略，提升学校管理的时代性、科学性和实效性，加大法制建设和社会监督的力度，使良好社会风气成为学校德育最有利、最坚实的呼应。使学校的德育与社会的发展在系统组织的保障下能有效地发挥持续的作用。

协同育人。要充分发挥家庭和社会的协同育人作用，构筑家庭和社会"协同育人"机制。家长要提升自身素养和能力，学校要建立健全家庭教育工作机制，发挥学校对家庭教育的指导作用。要充分挖掘社会德育资源，建立广泛的社会德育渠道。宣传、综治、公安、司法、民政、文化、共青团、妇联、关工委和卫计委等各个部门共同参与德育治理，发挥各行各业从业者的行为影响力，各地学校要充分利用爱国主义教育基地、公益性文化设施、公共机构、企事业单位、各类校外活动场所、专题教育社会实践基地等，开展有针对性的德育活动。

为了加强德育教育的实施效果，2014年10月，教育部哲学社会科学研究所在成都市树德实验中学举行了重大攻关项目《大中小德育课程一体化建设研究》课题组座谈会。2016年4月，山东省教育厅出台了《山东省中小学德育课程一体化实施指导纲要》。2016年5月25日，教育部在山东济南召开新闻发布会，解读《山东省中小学德育课程一体化实施指导纲要》。这是教育部首次在地方以教育部新闻发布会的形式发布一个省的教育新政。会后向全国转发了山东省德育教育一体化的实施经验。德育课程一体化成为我国二期新课改的新亮点。

为此，中国人生科学学会于2018年开展了"十三五"规划教育科研课题《德育与校外教育活动课程一体化建设研究》。这是在全国首次提出了校外教育活动课程德育教育一体化的教育尝试。2019年初，北京市朝阳区香河园少年之家确立了《德育与校外教育活动课程一体化建设研究——北京市朝阳区香河园少年之家无土栽培活动课程研究》子课题，这是构筑校内外融合育人，校内外协同发展，共同开展德育教育的一次积极的实验，也是在新时代校外教育的定位与发展方面所进行的积极探索。

第二节 校外教育课程的"活动性"研究

一、活动课程的提出与发展

对于校外教育活动课程的重要性，早在1992年8月6日由国家教委颁布的《九年制义务教育全日制小学、初级中学课程计划（试行）》，就将"活动课程"和"学科课程"一并纳入课程体系中，确定了活动课程和学科课程在我国教育中具有同等地位。校外活动课程建设是实现二期课改目标的主要内容，也是培养学生适应社会力、独立生活能力的主要方法和途径。因此，对德育与校外教育活动课程一体化建设进行深度研究十分有必要。

"活动课程"这一概念的提出，可以追溯到法国思想家、教育家卢梭的"自然教育思想"，他倡导自然教育，认为教育不是告诉学生真理，而是教他怎样去发现真理，主张让儿童回归大自然，在自然界中通过锻炼、劳动、观察事物来发现和学习。19世纪末20世纪初，美国的杜威发扬了这一思想，他是活动课程的代表人物。他认为：传统的学科同实际生活的距离较远，忽视了儿童的兴趣和需要，主张"教育即生活""学校即社会""教育即生长""儿童中心""做中学"分科课程，强调通过游戏、活动、手工和实验等来获得与社会相适应的经验。70年代以后，随着终身教育思想的普及和课程理论的发展，学科课程和活动课程二者不断趋于融合的趋势，活动课程有着比以往任何时候都更重要的意义。

国外活动课程经历了不同历史时期的政治经济、教育制度和教育学派。19世纪末，法国的卢梭、瑞士的裴斯泰洛齐、德国的福禄培尔等在课外活动遭受公开反对时，成为了课外活动生存发展的辩护人。20世纪中期，杜威、帕克赫斯特等儿童中心论者，他们反对以学科为中心，倡导实施活动课程。美国在60年代起成立了学问中心课程，强调学科课程，忽视学生人格完整。70年代起兴起了人本主义课程，开始重视学生自我体验和自我实现。德国法学之父奥托在1975年指出："课外活动与学术课程一样，应当为学生提供获得技能的机会。"日本在1977年的教育课程审议会上指出："由于特别活动对儿童、学生人格形成起了重要作用，所以要更加重视特别活动的充实。"日本的课程结构分为"各学科、道德教育和特别活动"三个部分，其中特别活动就是活动课程。1998年日本又增加了活动类课程综合学习课，这是日本21世纪课程体系中的一项新改革，其目的是精简教学内容，压缩教学时间，加强学生实践和创新能力培养。

校外教育在全面实施素质教育的过程中，对青少年儿童的个性及创造性的培养发挥着独特的作用。校外教育是学校教育体制的有机组成部分，是引导学生全面发展的重要途径，在对少年儿童实施素质教育的过程中发挥着不可估量的作用。

活动是校外教育的主要形式，如何使活动课程化，使它为培养学生的创新精神和实践能力、提高学生的思想道德水平服务，这是探索当前校外教育发展的一个重点、热点和难点。

我国的活动课程由最初的集体活动、团体活动、课外运动、课外活动等演变而来。新中国成立后，在教学计划中开始出现课外活动，1955年国家教育部颁布了《关于小学课外活动的规定》，规定中明确指出了课外活动的内容、时间和实施细则。进入80年代后，人们对课外活动开始加强，并有了"第一课堂""第二课堂"之说。1992年颁布了《九年义务教育全日制小学、初级中学课程计划（试行）》，把活动或课外活动作为学科课程纳入课程表，从那时起活动课程的名称以文件的形式予以确定。1996年国家教委基础教育司颁布了《九年义务教育活动课程指导纲要（试行）》，对课程的相关内容作了明确规定，对推进活动课程建设起到了积极作用。随着校外教育的发展，"活动课程"在研究和实践中逐步形成科技、艺术、体育和其他四大门类。

　　我们在现有校外教育活动课程科技、文艺、体育和其他四门类的基础上，通过群众活动、兴趣小组、社团、综合实践等活动形式，以校外活动为载体提出了"激趣、启智、悟理、导行"四大基本理念，把德育目标融入校外活动课程中，使活动课程蕴含了特有的育人价值和教化功能，强化了学科核心素养与德育的契合，达成德育与校外教育活动课程一体化的育人模式。

二、德育与校外教育活动课程一体化的意义

　　1.德育与校外教育活动课程一体化是核心素养观下校外教育发展的需要。著名学者叶澜教授提出：教育是一项直面生命的事业。教育的本质在于唤醒人的生命意识，启迪人的精神世界，建构人的生活方式，实现人的生命价值。发展学生的核心素养，是深化课程改革、落实立德树人根本任务的着力点和新航标。适应课程改革的要求，建立以发展学生核心素养、提升学生生命智慧为目标、以校外活动为载体的德育课程，让德育回归生活，回归学生的生命本源。

　　校外教育是渗透德育的有效途径。它与学校教育　起同属基础教育范畴，但又有着不同的功能。学校教育强调共性教育，要依据"课程标准"培育全面发展的社会主义建设者和接班人。校外教育注重个性发展，以满足兴趣为培养目标，促进少年儿童的全面健康成长。与学校教育发挥不同的功能，促成少年儿童的社会化，是校外活动与学校教育有效衔接的本质内涵。

　　2.德育与校外教育活动课程一体化是创设良好的社会育人大环境的需要。从终身学习理念和构建知识型和谐社会的理论高度出发，从大力加强"学校、家庭、社会"三位一体的立体教育网络的政策发展趋势看，德育与校外教育活动课程一体化建设都是校外教育发展新的突破口。从理论和实践两个层面上展开研究和探索，丰富校外教育活动内容，拓展校外教育活动途径，创新校外教育活动形式，既而创设良好的社会育人大环境。

　　3.德育与校外教育活动课程一体化是全面育人的现代教育发展的需要。校外教育活动在时间上超越了课堂的限制，活动的时间安排可以更加灵活，在学到知识、技能的同时，更能培养其解决问题的能力；在空间上，跨越了学校、教室，延伸到了自然环境及少年儿童的生活领域和社会

活动领域，更能够加强他们与自然、社会、生活的密切联系。另外，在校外活动中，活动组织者以更加自然活跃的形态出现，少年儿童在开放的活动环境里也会更加随意自由，他们会更多地处理各种人际关系，建立与学校不同的师生、生生关系。

三、课题研究方法

1.文献研究法。文献法主要是指搜集、鉴别、整理文献，并通过对文献的研究形成对事实的科学认识的方法。过程包括文献的搜集、鉴别与整合三个环节。《德育与校外教育活动课程一体化建设研究——北京市朝阳区香河园少年之家无土栽培活动课程研究》子课题的研究首先明确界定了课题研究的范围，从校外教育活动课程的研究入手，然后在各种文献中找寻自己所需要的相关资料，并进行了筛选、整理与分析，使本课题的研究与实践有更高的起点。在基于校外教育活动课程的基础上开展无土栽培课程的实验与实施。

2.调查研究法。调查研究法是社会科学领域最常用的研究方法。《德育与校外教育活动课程一体化建设研究——北京市朝阳区香河园少年之家无土栽培活动课程研究》子课题的研究，采用的是校外教育活动推广的方式，根据课题的目的、内容、性质以及要求获得资料的标准化程度选择了在全区范围内以校外教育活动引领课题研究的方式。2019年3月至6月，香河园少年之家举办了"朝阳区中小学生无土栽培活动案例征集活动"，同时采用了问卷、座谈、访谈调查等方法，与学校教师共同开发香河园少年之家无土栽培综合实践活动课程，服务于朝阳区中小学生综合实践能力的培养与提升。

在活动中，少年之家通过开展对相关学校领导、教师、学生、家长等问卷调查、访谈、调研，了解校外活动课程实施的现状及其所需支持。召开校外教育机构专题会议，了解校外机构在工作推进中存在的问题和思考，在多次交流沟通后，形成开展校外活动课程建设所需的第一手资料。基于校外教育活动的调查研究方法为本研究的顺利进行提供了实践依据。

3.行动研究法。行动研究法是指在自然、真实的教育环境中，教育工作者按照一定的操作程序，综合运用多种研究方法与技术，以解决教育实际问题为首要目标的一种研究方法。校外活动课程建设是一项系统工作，也是一项全新的工程，需要在不断摸索的过程中形成、发展、完善。在不断实践过程中，也遇到很多的实际问题，依据一定的教育理论与实际经验，拟订实施计划，践行活动方案，不断总结分析，及时反馈修正。通过检查总结和效果分析，再进行更深层次的行动与研究。香河园少年之家在举办"朝阳区中小学生无土栽培活动案例"征集活动过程中，组织朝阳区各中小学校开展以无土栽培活动为主线，根据学校特色、学生年龄特点和学科教学内容需要，体现活动育人目标，让学生在无土栽培技术中拓展视野、丰富知识，增加对合作学习方式和技术与生活的体验，提高中小学生的动手能力、认知能力、创新精神和实践能力，促进学生核心素养的形成。在此基础上，征集了朝阳区28所学校开展无土栽培活动的优秀活动案例，将中小学校综合实践活动与校外教育活动有机衔接，在实践中总结出了一套行之有效的"无土栽培实践活动课程"。

4.比较分析法。比较分析法是对事物同异关系进行对照、比较，从而揭示事物本质的思维过程方法。它是人们根据一定的标准或以往的经验教训，把彼此有某种关系的事物加以对照，从而确定其相同和相异之处，对事物进行分类，并对事物内部矛盾的各个方面进行比较后，得出事物的内在联系，从而认清事物的本质。

本次香河园少年之家在举小"朝阳区中小学生无土栽培活动案例"征集活动，在进行多项比较和分析的基础上，选择了体现内容真实、主题明确、方案完整、范围广泛特点的案例。

选取的各活动案例能体现无土栽培项目的特征，重点突出，特色鲜明，具有可操作性和实效性，并且有对活动的背景和经过的具体描述，以及考察研究的实况；方案的活动主题、活动目标、活动准备、活动实施、活动评价、活动的重点和难点等要素清晰，突出了实践性、探究性和学科融合以及跨学科内容的多主题、多层次的课程表达。

选取的各活动案例范围广泛，体现了基层教师创新性研究的活动，体现了无土栽培与生活、无土栽培与艺术、无土栽培与传统文化等综合应用型和具有时代感元素的活动。为建构香河园少年之家以德育教育为核心理念的无土栽培活动课程奠定了良好的基础。

实践证明，校外教育活动课程建构离不开中小学校的大力支持。校外教育活动固然为中小学校搭建了丰富且成熟的活动课程平台，而中小学校的课外综合实践活动也为校外教育活动课程输送了源源不断的生命活力。在今天新时代、新发展、新教育到来的转折年代，香河园少年之家所开展的德育与校外教育活动课程一体化的研究充分体现了校内外融合发展的大趋势，也是"一体两翼（学生发展为体，校内校外为两翼），协同发展"教育思想的印证与践行。

第三节　无土栽培课程理念——无土也开"快乐"花

校外教育活动课程的建构基于校外教育以学生为主体的开放性、实践性的活动特点。香河园少年之家"无土栽培实践活动课程"的构建正是基于本课程的实践性需要为出发点。它充分体现了校外教育活动课程的实践教育、劳动教育、探究学习与美育教育于一体的多学科属性，体现了全人教育的理念，学生在无土栽培活动课程中通过动手动脑、创新学习、劳作实践以及美育培育，个性获得了张扬，人格获得了全面的发展。活动过程本身全面贯彻了德育课程一体化的教育思想。因此，我们把无土栽培活动课程的理念定位为"无土也开'快乐'花"。

一、实践教育

学校课堂主要讲授理论知识为主，与社会实践联系较少。在社会与学校之间存在空档期。这种相脱节的状况需要社会实践来弥补。通过社会实践活动，学生能够进一步认识世界，增强改造社会可操作性，同时能够提升学生的技能。从这个角度来说，社会实践是学校教育的延伸，在社会实践中，学生实现了知识和实践有机统一并提升了自身认识层面。

学生在学校所接受的知识传授是前人经验的迁移过程，学生学习到了知识不等于能够运用知识，它仅仅是完成了经验的内化过程。学生在走向社会过程中，通过与社会接触，学生逐步与社会融为一体。同时也是将内化的知识转化为外在映证的过程。这一外显过程就是社会实践。校外教育为学生提供了良好的实践条件，使学生在社会实践中找到自身存在，将内化的知识通过实践外显为自己的生活经验。

长期以来，由于传统教育的痼疾，部分学生养成了眼高手低的思维定势，对外界事物认识不到位，通过无土栽培的社会实践活动，学生能够充分认识到自身不足，从而增强了学生的学习动力。在社会实践中学生学到了书本上学不到的知识，学校里讲授不到的技能，实现了理论与实践的结合，实现了知与行的合一。

二、劳动教育

生产劳动是人类社会赖以生存和发展的基础，是人类最基本的实践活动。通过劳动教育，学生树立正确的劳动观点，使他们懂得劳动的伟大意义。懂得辛勤的劳动是建设社会主义和共产主义的根本保证；劳动是公民的神圣义务和权利，懂得把脑力劳动同体力劳动相结合的重要意义；培养学生热爱劳动和劳动人民的情感，养成劳动的习惯，形成以劳动为荣、以懒惰为耻的品质。劳动教育是德智体美劳全面发展的主要内容之一。

香河园少年之家"无土栽培实践活动课程"有效培养了学生热爱劳动、勤俭持家等良好习惯的养成，学生通过无土栽培的劳动实践，树立正确的劳动观点和劳动态度，热爱劳动和劳动人民，养成热爱劳动的习惯，其教育意义远远大于无土栽培的技术本身。

三、美育教育

美育要通过各种艺术以及自然界和社会生活中美好的事物来培养学生认识美、爱好美和创造美的能力。在人的全面发展教育中，美育占有重要地位。

中国传统艺人有一句行话，叫做"艺中有技，艺不同技"。这句话说得很精辟，指出了艺术与技术的联系。绝大多数艺术，都有其技术支持。极少数没有技术支持的所谓观念艺术，其诞生之日就是终结之日，永远只能是次性的存在。但仅仅具有技术也不是艺术；艺术高于技术，技术永远只能是艺术和艺术美的构成要素。技术表现的本身也具有审美价值，并构成了艺术中的"技术美"。技术美是人类活动的精神结晶，它是现代社会的产物。在这里，美是与功能联系在一起的，是以有用性为前提的。

美育对德育、智育等方面都有积极的影响。美育用优美感人的艺术形象，可以帮助学生认识人们的生活、理想和斗争，使他们受到生动的思想品德教育，促进他们的政治品质、道德面貌和思想感情健康地成长。美育不仅可以帮助学生认识现实，认识历史，同时可以发展他们的观察能力、想象能力、形象思维能力和创造能力，还能调剂他们的生活，提高学习效果。在美育中要求整齐清洁，美化环境，也有利于健康，有助于学生的学习。

无土栽培技术可应用于社会生活的方方面面。它既是现代农业的重要分支，也是人们装点生活、环境布置的重要手段。它用现实生活中的美好事物和艺术造型表达人们的思想感情，进而感染环境，影响氛围。无土栽培的实践活动，它能够广泛而深入地影响学生的情感、想象、思想、意志和性格。它能丰富学校的环境，进而影响学校的文化精神生活，激起学生的情绪体验，有助于培养高尚情操，提高社会主义觉悟，鼓舞学生为实现共产主义理想和创造一切美好的事物而奋发向上。

四、探究性学习

新课程强调转变学习方式，提出"改变课程实施过于强调接受学习。死记硬背、机械训练的现状，倡导学生主动参与乐于探究"。探究性学习中，学生面对的不是现成的、陈述性的知识或程式化的练习，而是具有一定挑战性的问题和任务。

探究性学习是通过形式多样的、以学生自主学习为特征的探索活动，解决问题，完成任务，学生在这个过程中，获得知识技能、发展能力，培养情感体验，这无疑是当今学习中重要的学习方式之一。

问题是探究性学习的核心，整个探究活动是围绕问题展开的，也随问题的解决而结束。学生在解决问题的过程中得到发展。因此，问题设计与展开关系到教学活动能否顺利进行和教学目标是否能达到。

香河园少年之家"无土栽培实践活动课程"充分体现了探究性学习的特点。

1.问题难易适度。所谓难易适度是指提出的问题既有一定难度，又是学生经过努力可以解决的，过难或过易的问题都不利于学生探究学习。无土栽培技术的难度对于中小学生来说不是一个很艰难的课题，但是它需要学生融会贯通多学科的知识，通过自己的亲身实践来完成它。在这一过程中，学生通过实践，获得了知识的转化，收获了真实的生活体验，在快乐的实践中获得了成长。

2.问题真实且有一定价值。"有价值"体现在学习内容应与学生的现实生活和以往的知识体验有密切的联系，体现在能使学生感兴趣并在有限的时间里让学生理解和掌握，体现在能满足学生未来社会需求，并有利于学生个性发展、启迪思维、开发智力。无土栽培活动是通过让学生亲手完成一项种植技术，来实现对无土栽培技术的掌握，以及知识的灵活运用。学生栽种完成的花卉、植物还可应用于校园、教室、家庭的装点和装饰，具有一定的生活价值，是学生社会实践活动简便易行的活动项目之一。

3.问题要能激发学生的好奇心、求知欲，富有挑战性。无土栽培技术需要学生运用多方面的知识来开展实践，这对学生的好奇心、求知欲具有很强的内驱力，可以促进学生克服探究过程中的困难，提高学习效果。无土栽培技术的学习本身也是一个知识建构的过程，学生通过自己的亲身实践，以明确的目标导向、确定性的知识和技能、达成目标的行为控制、行为化的检测方式，实现了校外教育活动教学的有效性。

五、综合实践活动

综合实践活动课程的基本要求是参与实践、参与生活、参与社会，学习知识经验，并形成具有个人意义和生存价值的知识经验。在这一过程中培养学生的综合素质、实践能力和创新精神。综合实践活动课程强调的是在真实的社会情境和自然情境中的知识经验学习，从中学习到具有个人意义和生存价值的知识经验。即通过观察和实践两种形式，使得实践性学习的意义得以完全体现。

香河园少年之家"无土栽培实践活动课程"通过"朝阳区中小学生无土栽培活动案例征集活动"，有效地调动了朝阳区20多所学校参加，将学校综合实践活动课程与校外教育活动课程积极进行了对接，既体现了校外教育为中小学校搭建校外教育平台的作用，同时也充分体现了校内外融合育人，促进学生全面发展的"全人教育"的教育理念。

香河园少年之家"无土栽培实践活动课程"基于以上作用，其基本途径是以校内外融合育人为核心，其基本方法是以校内外融合为活动平台，其根本目标是学生的实际获得。它践行了"实践育人"的教育理念，落实了"立德树人"的教育基本原则，尝试了"德育课程一体化"的有效途径，最终实现了校外教育为学生的全面发展服务，学生在校外教育活动的快乐体验中收获成长。故此，我们将香河园少年之家"无土栽培实践活动课程"理念定位为：无土也开"快乐"花。

本章知识小结

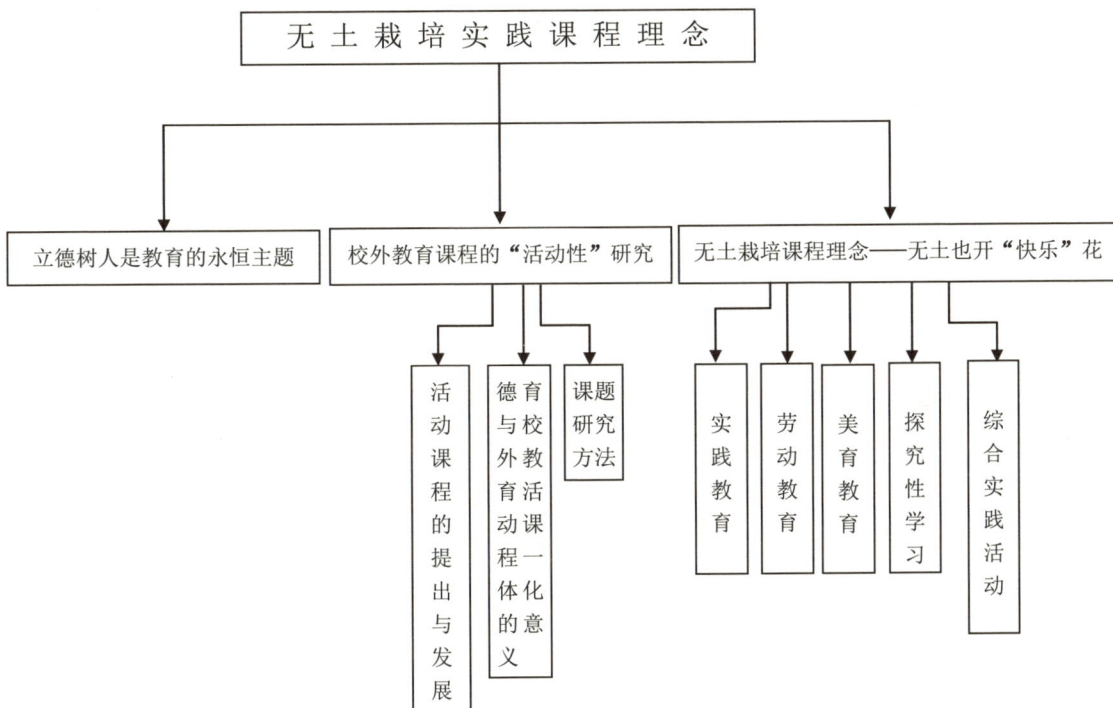

```
┌─────────────────────────────────┐
│  无 土 栽 培 实 践 课 程 理 念  │
└─────────────────────────────────┘
```

┌────────────────────────┐ ┌────────────────────────┐ ┌──────────────────────────────────────┐
│ 立德树人是教育的永恒主题 │ │ 校外教育课程的"活动性"研究 │ │ 无土栽培课程理念——无土也开"快乐"花 │
└────────────────────────┘ └────────────────────────┘ └──────────────────────────────────────┘

活动课程的提出与发展	育德与校外教育活动课程一体化的意义	课题研究方法	实践教育	劳动教育	美育教育	探究性学习	综合实践活动

本章实践与思考

1.我们国家的教育为什么要以"立德树人"为本?

2.校外教育活动课程对学生成长有何意义?

3.如何加强校外实践课程建设与实施?

第二章 无土栽培实践课程建构与实施

第一节　无土栽培实践课程建构

香河园少年之家"无土栽培实践活动课程"历时半年多的实践研究，取得了良好的效果和显著的教育教学成绩。从课程建构上归纳起来有三点特征：

1.坚持遵循教育规律。经过我们的精心选取，从蔬菜类、瓜类、叶菜类、芽苗类、花卉类、菌类六类植物中选取了番茄、黄瓜、生菜、豌豆苗、百合等19种植物开展了无土栽培活动课程的实验研究，并通过"朝阳区中小学生无土栽培活动案例征集活动"广泛开展了无土栽培活动进校园，带动了众多教师和学生参加活动，形成了多个生动鲜活的活动案例。事实证明，"无土栽培实践活动课程"符合中小学生年龄特点、认知规律和教育规律，注重学段衔接和知行统一，强化道德实践、情感培育和行为习惯养成，增强了德育工作的吸引力、感染力、针对性和实效性。

2.坚持协同配合。发挥校外机构主导作用，引导家庭、社会增强育人责任意识，提高对学生道德发展、成长成人的重视程度和参与度，形成学校、家庭、社会协调一致的育人合力。"无土栽培实践活动课程"以校外教育机构为平台，以学校综合实践活动课程为突破口，有效构建了校内外融合、协同发展的良好机制，同时也引导了家庭、社会的积极参与，实现了实践育人、协同育人、合作育人。

3.坚持常态开展。推进德育工作与校外教育有效融合，创新德育教育的途径和载体，将中小学德育工作要求贯穿融入到校外教育活动课程中，形成一以贯之、久久为功的校外教育德育课程一体化的长效工作机制。"无土栽培实践活动课程"以校外活动为抓手，以校外机构为活动平台，搭建了学校、校外、家庭一体化的活动态式，并以年度活动的形式将这一课程固化下来，形成了常态化的校外教育活动项目运行机制，构建了德育与校外活动课程一体化融合的新的教育模式。

香河园少年之家无土栽培实践活动课程结构

课程类别	内容	课程	
认知课程	无固体基质栽培	水培	
		雾培	
	固体基质栽培	岩棉培	
	固体基质栽培设施系统	槽培	
		袋培	
		垂直栽培	
	常见病虫害及其防治	根系病害	
		叶部病害	
		虫害	
		生理病害	
实践课程	蔬菜无土栽培	番茄无土栽培	
		辣椒无土栽培	
		茄子无土栽培	
	瓜类无土栽培	西瓜无土栽培	
		黄瓜无土栽培	
	叶菜类无土栽培	生菜无土栽培	
		紫背天葵无土栽培	
	芽苗菜无土栽培	豌豆苗无土栽培	
		蚕豆芽无土栽培	
	花卉类无土栽培	切花类花卉无土栽培	月季无土栽培
			百合无土栽培
			非洲菊无土栽培
		盆栽花卉无土栽培	红掌无土栽培
			仙客来无土栽培
		兰科花卉无土栽培	蝴蝶兰无土栽培
			大花蕙兰无土栽培
	菌类无土栽培	平菇的养殖	
		香菇的养殖	
		金针菇的养殖	

（续表）

课程类别	内容	课程
拓展课程	无土栽培与生活	无土栽培与舌尖美食
		无土栽培与家庭园艺
	无土栽培与健康	无土栽培与健康生活
		无土栽培与心理健康
	无土栽培与修养	无土栽培与艺术
		无土栽培与责任

第二节　无土栽培实践课程实施

校外教育活动课程建设始于以少年宫、少年之家为主的综合性校外教育机构，从"活动"发展至"活动课程"经历了曲折的演变。

在20世纪80、90年代，我国校外教育机构初步形成的发展阶段，其教育形式是以"活动"为主，活动内容丰富多彩、活动形式多样。

随着新课改的开始，21世纪初，以少年宫为主体的校外教育机构为了普及少年儿童的兴趣爱好，开始面向全体少年儿童开展普及性的素质教育。校外教育机构的活动从散乱的、广泛的开展各类活动逐步发展转向了有组织的、有重点的培养学生兴趣爱好的"兴趣小组""儿童社团"。

进入21世纪，开始了校外教育活动课程化建设。校外教育机构对活动课程的构建在兼顾活动性特质的同时，更注重内容选择的课程性。强调课程的阶段性与连续性，逐步摆脱了校外教育松散、无序的"活动"现象。

从课程的实施角度，校外教育活动课程更加强调课程的开放性，突出学生的自主学习、小组学习，注重学生的个性培养。这些特性恰是学校课程没有的，也是校内和校外机构所开展的"群众性活动"所不具备的。用课程形式来进行"活动"规范，用"活动"为载体实施课程，这是校外教育活动课程建构最根本的途径。校外教育活动课程建设是在原有"活动"的基础上更加凸显"课程性"，在一般"课程"的意义上着重强调其"活动性"。因此，我们把校外教育活动课程的特点归纳为"以活动为载体的课程"或"活动性的课程"。

校外教育机构课程形态发展的这种趋势并非偶然，探究历史的渊源，追寻其脉络的发展，我们可以清晰地看到，社会发展的需求是影响校外教育机构课程形态变化的重要因素。校外教育从最初的丰富学生课余生活慢慢走向发展学生的兴趣爱好，渐而转向培养学生的专项特长，发展至今日越发注重提高学生的综合素养，这种价值取向的变化决定了校外教育机构课程目标制定的变化，而课程目标的变化落实到实践层面也就决定了校外教育机构课程形态的变化。

校外教育作为与学校教育并行的教育形式，其实施方式必然是以课程思想引领的教育形式，否则就无从凸显教育的科学性与严肃性，也无法界定校外教育的客观效果和教育质量。但校外教育的课程建构并不等于学校课程的翻版，而应该在充分体现校外教育活动特点的基础上建构活动课程。

因此，校外活动课程的特点应该是在兼顾学校课程特质的同时，更注重内容选择的"活动性"。其活动课程建设在原有的学校课程基础上要凸显"活动性"，在一般"课程"的意义上强调其"活动性"。

如果我们仅仅强调校外的活动性，没有课程作为规范，这种活动的组织就会取决于老师个人的素质，没有规范化的标准和要求。缺乏科学的论证和设计，也没有系统的规划和严密的组织实施，就会成为随意性的教育。

校外教育的课程建设正是要用规范化的标准和要求，用统一的规划和严密的组织实施，来实现校外教育的育人价值，从而让学生获得最大的学习收益。这是校外教育活动课程建设的根本追求。

香河园少年之家"无土栽培实践活动课程"正是建立在校外教育活动课程的基础上，有效结合了学校的综合实践活动课程而建构的校外实践教育活动课程。

一、校外优秀课例征集

香河园少年之家"无土栽培实践活动课程"是在2018年和2019年朝阳区中小学生无土栽培种植大赛的基础上开展的"朝阳区中小学生无土栽培活动案例征集活动"，帮助学校教师对课堂教学进行研究和反思，促进各学科教师在新课程的实践中，研究新课程、探索新模式，推动综合实践活动课程的发展。引导教师从以往单一的教案撰写转变为进行有意识的教学设计活动，通过教学设计研究，对教学进程进行动态调整，积极开展教学改革，不断提高教育教学质量。同时针对教学实践中的重要问题进行研讨，进一步深化对课堂教学各关键环节有效设计的研究。通过"朝阳区中小学生无土栽培活动案例征集活动"，推出了一批具有典型示范意义和不同教学风格的教学课例和案例，指导教师教学实践探索。

2018年朝阳区中小学生无土栽培活动案例征集活动参加学校名单

北京市朝阳区白家庄小学	北京市朝阳区万子营民族小学
北京市陈经纶中学崇实分校（小学部）	北京明远教育书院实验小学
北京市朝阳区定福庄第一小学	北京市朝阳区王四营中心小学
北京市朝阳区小武基小学	北京市朝阳区精诚实验小学
北京市朝阳区半壁店小学	北京市朝阳区新源里第四小学
北京市朝阳区康乐园小学	北京朝阳师范学校附属小学
北京市朝阳区芳草地国际学校富力分校	北京市朝阳区呼家楼中心小学
北京市朝阳区陈经纶中学分校实验学校	北京市朝阳外国语学校北苑分校
首都师范大学附属朝阳实验小学	中国人民大学附属中学朝阳学校
北京市陈经纶中学崇实分校	北京市日坛中学实验学校
北京市第八十中学	北京市第八十中学实验学校康营分校
北京市第九十四中学朝阳新城分校	北京市第一七一中学朝阳豆各庄分校
北京市第十六中学	北京市呼家楼中学
北京市樱花园实验学校	北京市日坛中学
北京市金盛学校	北京第二外国语学院附属中学
北京市垂杨柳中学	北京市工业大学附属中学英才分校沙板庄校区
北京市朝阳外国语学校	北京市草场地中学
北京化工大学附属中学	东北师范大学附属中学朝阳学校
艾迪国际学校	

2019年朝阳区中小学生无土栽培活动案例征集活动参加学校名单

北京市朝阳区垂杨柳中心小学	北京市朝阳区第二实验小学北辰校区
北京市朝阳区半壁店小学	北京市朝阳区实验小学博远分校
北京市朝阳区王四营中心小学	北京第二外国语学院附属小学定福分校
北京市朝阳实验小学福源分校（原新源里四小）	北京市府学胡同小学朝阳学校
	北京明远教育书院实验小学
北京市朝阳区教育研究中心附属小学	清华大学附属小学商务中心区实验小学
北京市朝阳区精诚实验小学	首都师范大学附属朝阳实验小学
北京市朝阳区精诚实验小学华严里校区	中国人民大学附属中学朝阳学校
北京市朝阳区芳草地国际学校世纪小学	北京市第八十中学管庄分校
北京市朝阳区芳草地国际学校富力分校	北京市第八十中学康营分校

北京市第八十中学北皋分校	北京市金盏学校
北京市朝阳外国语学校北苑分校	北京第二外国语学院附属中学
北京中学	北京工业大学附属中学
北京中学明德分校	北京工业大学附属中学东校区
北京市陈经纶中学分校	北京工业大学附属中学新升分校
北京市陈经纶中学分校（南湖东园校区）	北京化工大学附属中学
北京市陈经纶中学分校草场地校区	北京汇文中学朝阳垂杨柳分校初中部
北京市陈经纶中学团结湖分校	北京汇文中学朝阳垂杨柳分校高中部
北京市日坛中学实验学校	东北师大附中朝阳学校
北京市日坛中学东润分校	华中师范大学第一附属中学朝阳学校
北京市三里屯第一中学	首都师范大学附属实验学校
北京市第九十四中学朝阳新城分校	中央美术学院附属实验学校初中部
北京市第一七一中学朝阳豆各庄分校	中国教育科学研究院朝阳实验学校安华
北京市樱花园实验学校	里校部

二、校外学科研讨交流

身处新时代，面对更多元、更个性化、质量要求更高的教育需求，每一个校外教育工作者迫切感到需要不断更新校外教育的内容，香河园少年之家"无土栽培实践活动课程"以校外活动课程为载体，以学术研讨会的形式，开展了"无土栽培实践活动课程"的研讨、展示、观摩、说课、专家示范等，加强校外老师与学校教师的深度交流、相互借鉴学习，为综合实践活动课程搭建了与校外教育活动相衔接的桥梁，提供了区域性校外教育活动的展示平台。这体现了香河园少年之家教师对校外教育发展的战略思考，审视校外教育活动课程的价值取向、功能定位，也是探索校外师资队伍素养提升的策略，同时还是校外活动创新的积极尝试。从课题的研究成果和收获而言，香河园少年之家"无土栽培实践活动课程"有效提高了校外教育活动质量，促进了校外教育在"内涵发展"的道路上精益求精，获得提升。

三、实践与创造

校外教育活动课程的基本要求是让学生参与实践、参与生活、参与社会，学习知识经验，并形成具有个人意义和生存价值的知识经验。在这个过程中培养学生的综合素质、实践能力和创新精神，实现德育的渗透式教育。

香河园少年之家"无土栽培实践活动课程"体现了在真实的社会情境

和自然情境中的知识经验学习，学生可以在具体的实践操作中学习到具有个人意义和生存价值的知识经验。即通过观察和实践两种形式，使得无土栽培的实践性学习意义得以完全体现。

"无土栽培实践活动课程"实践性学习的学习目标是多层次、多方面的，即使学生主要学习目标没有完成，但是在实践学习的过程中，学生也会在其他方面得到知识经验的学习。他们会通过在无土栽培活动过程的学习活动，学会对植物的认知。在进行无土栽培实践的过程中，学生除了完成对植物的精心养护和培植外，还可以学习到植物学的丰富知识。

无土栽培作为一种相对独立的活动课程，超越了传统单一学科的界限，打破了学科课程的逻辑体系，是一门集综合性、实践性、开放性、生成性和自主性于一体的课程。它将各种知识有机地结合起来。学生在教师的指导下，根据自己的兴趣爱好和条件选择植物品种，以类似科学研究的方式去获取知识、应用知识、解决问题。它以学生的活动为主，突破了课堂的限制，回归自然和社会，强调体验和探究，强调过程与方法。"无土栽培实践活动课程"资源的丰富性使得学生在学习过程中会接触到多个学科的知识，也使得这一活动课程呈现出多样化的课堂形态。为此，教师或辅导者就需要打破线性思维，根据不同的活动课程内容、学生的接受水平和能力培养目标，对不同课程资源进行整合，有效地将各学科知识、方法与实践相对接，从而有效提升学生的实践探究能力。体现在辅导者上，不拘于某一学科的老师而是每一学科老师都可以引导学生开展自主式的探究学习。

四、自主学习

"无土栽培实践活动课程"相比之课堂学习，更加强调学生的自主性学习。作为一门活动性与体验性的活动课程，在实际学习活动中，无土栽培活动强调学生身体的参与性。这一实践学习不仅要让学生用自己的脑子思考，而且要用眼睛去看，用耳朵去听，用嘴巴去说话，用手去亲自操作。即用自己的身体去亲历亲为，用自己的心灵去亲自感悟。这不仅是理解知识的需要，更是激发学生生命活力，促进学生生命成长的需要。同时，"无土栽培实践活动课程"的学习更加重视直接经验的获取，它把学生的个人知识、直接经验、生活世界看成重要的课程资源，在学生的体验和感悟中使潜在的知识显性化，而不是拘泥于学校和书本上间接经验的认知。这也正是"无土栽培实践活动课程"作为校外教育活动的实践性课程最有价值的方面。在这一过程中，学生真正成为学习的主体，他们的喜怒哀乐，他们的学习动力，他们的知识撷取，都围绕着小小的一颗种子的发芽、成长、成熟而获得不竭的动力。它真正体现了"无土也开'快乐'花"的课程思想。正是在这种创造的快乐中，学生获得了知识，获得了认知，收获了成长。

五、有效的师生互动

传统的教学模式，教师往往事先设计好问题和答案，教学就成了"设问教学"，课堂上显得异常的"热闹"，学生也似乎很"积极"地回答。而这种所谓对话，与权威式的"告诉"与"灌输"不同，是对话主体之间的交流，是在彼此交往过程中认知情感态度及价值等方面进行交流与碰撞、沟通与合作、激发与感染的过程，是致力于相互理解、相互协作、相互促进的过程。

然而这种互动，是课堂教学主体之间的相互作用，具有交互性特征。问题是由学生提出来的，结论的得出也不是教师直接告诉学生，而是由学生自己发现总结出来的，整个过程经历了提出问题、合作探究、表达交流和形成结论四个阶段。从结构和形式上看，符合探究性学习的基本操作过程。但是，在这个知识建构的过程中，学生的自主空间很小，学生不是自主地对问题加以界定，不是自主地设计探究方案，只是在一步一步地执行教师发出的指令。在这个过程中，师生之间缺少平等对话，学生间的交往、互动少，学生的思维张力、情感投入、探究热情未能充分调动。这样的探究活动，丢失了学生自主建构知识这一本质特征，可以看作是用探究性学习的一般理念去适应传统教学的实践，是一种形式化的"结构化"探究性学习。这种学习应该是不可取的。

真正能够关注学生千变万化的学习过程的教学组织形式才是最好的教学模式。"无土栽培实践活动课程"给予学生充分发挥自我的空间，它不需要教师精心设计活动情境，这一实践活动的本身就是最好的教育情境，丰富的植物生长知识需要学生亲自动手操作来完成，这本身就具有很大的挑战性。无土栽培活动由于任务有一定的复杂性，任务坡度陡峭，学生思维会产生强烈的跳跃性，在这一实践学习过程中，学生会自主产生一些颇具探究价值的材料，发挥出人意料的潜力。同时，"无土栽培实践活动课程"探究进程具有一定的时效性，能够给学生留有足够的探究时间和活动空间，使学生获得充分的体验、感悟，思维得以深化。

"无土栽培实践活动课程"更加重视结果。在学生用亲身的实践完成植物的种植、生长、开花、结果，并完成这一探究过程得出结论后，学生收获的是物化的成果。学生还可以将这一物化的"成果"用于装饰校园、装点家居环境，实现结果的应用。在指导老师进行系统的总结提升后，把学生探索和发现的过程通过"检验——修改——再检验——再修改"的过程完成理性的升华，真正实现了探究性学习。这一实践学习的过程对于学生的影响是巨大的，它有可能因为这一件小事影响到学生对世界的感观和看法，影响到学生对自然、植物的理解和认知，进而影响到他成长的一生。

六、营造自我发展的空间

马克思哲学理论的重要组成部分之一是自我实现理论。它的基本内涵包括：一是每个人都具有发展自己、实现自我的需要。二是人的需要、愿望的满足。自己筹划的生活目标、生活理想的达到；各方面的潜能得到充分发挥、发展和运用。在他看来，共产主义就是以每个人的全面而自由的发展为基本原则的社会形式。

香河园少年之家"无土栽培实践活动课程"突出以学生为主体的教育进行研究。例如，学习的情境是否能真正激发学生好奇的天性和主动探索的能力？学习过程中主动权是否真正交给学生？问题的解决过程是否有助于深层次思维的锻炼？动手过程是否有助于开发创造性潜力？同伴合作是否实现了有效的交流和智慧的碰撞？我们认为，探究性的学习不仅仅是一种教育形式、教育方法，而是一种文化、一种态度。通过加强对探究性学习的内容和多样化的学习方式研究，使校外课堂更具开放性和延伸性，更有利于课堂知识的巩固和深化及学生探究能力的培养，实现理论与实践的对接，实现德育与学生能力培养的融合，为学生可持续发展能力的培养奠定良好的基础，从而适应当今的素质教育改革和新课程理念要求。

"无土栽培实践活动课程"是校外教育引导学校学生动手操作的综合实践活动课程，较好地体现了校外教育实践性的活动课程特点。我们在校外综合实践课程的基础上导入德育教育的理念研究，把以德育人的教育思想融入实践活动课程的各个环节中，使学生在动手操作的过程中获得理念上的认知和情感上的升华，进而达到潜移默化的德育渗透的教育效果。这一过程的实践研究将对德育与校外教育活动课程一体化的建构方法有着重要的意义。同时，也是对在校外教育活动中践行德育教育而实施的积极而有效的尝试。

香河园少年之家"无土栽培实践活动课程"贯彻落实教育部《中小学综合实践活动课程指导纲要》精神，探索校外实践育人新路，建构起德育课程、学科课程、自然课程和实践活动课程"四位一体"的综合育人课程，将立德树人目标融入实践课程之中，根植于学科的核心素养，全面提高中小学生的道德素养，促进每个学生健康成长，实现课程育人、实践育人和文化育人。

"无土栽培实践活动课程"将趣味性、知识性、科技性、参与性、创新性、前瞻性与教育实践相结合，有效提升了香河园少年之家与学校融合育人教育的效果，共同实施面向青少年学生的校外特色的综合实践课程，提升校外教育机构的区域贡献度，共同构建校内外协同发展的良好格局。

本章知识小结

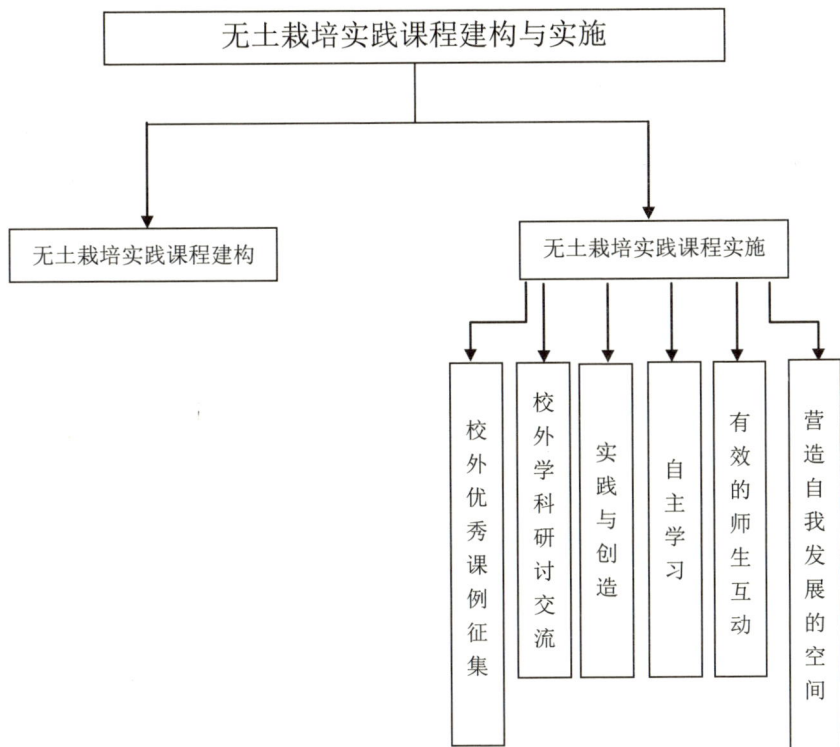

```
                无土栽培实践课程建构与实施
          ┌────────────────┴────────────────┐
   无土栽培实践课程建构            无土栽培实践课程实施
                          ┌───┬───┬───┬───┬───┐
                        校外  校外  实践  自主  有效的  营造自我
                        优秀  学科  与    学习  师生    发展的
                        课例  研讨  创造        互动    空间
                        征集  交流
```

本章实践与思考

1.无土栽培实践课程构建遵循了哪些特点？

2.无土栽培实践课程实施采用了哪些手段和方式？

第二篇 认知课程
——无土栽培技术

内容概要

⟹ 无土栽培及其发展

⟹ 无土栽培的类型

⟹ 无土栽培常见病虫害及其防治

第一章 无土栽培及其发展

> 1.掌握无土栽培的概念和无土栽培的优点以及它的应用领域。
>
> 2.了解无土栽培的发展历史、现状及未来的发展趋势。
>
> 3.分析无土栽培相对土壤栽培有哪些优越性。

学习目标

第一节 无土栽培及其应用

无土栽培技术是现代农业建设的重要构架，也是超越设施农业的更高层次的农业生产方式。无土栽培使植物在人为控制的适宜条件下生长发育，加上设施栽培的环境控制，基本可以摆脱自然环境的制约而实现无季节性周期生产，被称为第三代农业，是未来农业的发展方向。

图2-1-1-1

一、无土栽培的概念

无土栽培（Soilless Culture）是指不用天然土壤栽培作物，而将作物栽培在营养液或基质中，由营养液代替天然土壤向作物提供水分、养分等生活条件，使作物能够正常生长并完成其整个生命周期的种植方式，简而言之，无土栽培就是不用天然土壤来种植植物的方法。由于无土栽培使用营养液的时间较早且较长，因此早期又把无土栽培称为营养液栽培、溶液栽培（Solution Culture）、水培（Hydroponics）等。

国际无土栽培学会（International Society of Soilless Culture，ISOSC）的定义是指凡是不用天然土壤，使用或不使用基质，而利用含有植物生长发育所必需的元素的营养液来提供营养，并可使得植物能够正常地

图2-1-1-2

完成整个生命周期的方法，统称为无土栽培。

营养液是指根据植物生长对养分的需求，将肥料按照一定的数量和适宜的比例溶解于水中配制而成的水溶液。

二、无土栽培的优点

1.节水、省肥、高产

无土栽培中作物所需各种营养元素是人为配制成营养液施用的，水分损失少，营养成分保持平衡，吸收效率高，并且是根据作物种类以及同一作物的不同生育阶段，科学地供应养分。因此作物生长发育健壮，生长势强，可充分发挥出增产潜力。

2.清洁卫生无污染

土壤栽培施有机肥，肥料分解发酵，产生臭味污染环境，还会使很多害虫的卵孳生，危害作物，而无土栽培施用的是无机肥料，不存在这些问题，并可避免受污染土壤中的重金属等有害物质的污染。

3.省工省力、易于管理

无土栽培不需要中耕、翻地、锄草等作业，省力省工。浇水追肥同时解决，并由供液系统定时定量供给，管理方便，不会造成浪费，大大减轻了劳动强度。

图2-1-1-3

4.避免连作障碍

在蔬菜的田间种植管理中，土地合理轮作，避免连年重茬，是防止病害严重发生和蔓延的重要措施之一。而无土栽培特别是采用水培，则可以从根本上解决这一问题。

5.不受地区限制、充分利用空间

无土栽培使作物彻底脱离了土壤环境，不受土质、水利条件的限

图2-1-1-4

图2-1-1-5

制，地球上许多沙漠、荒原或难以耕种的地区，都可采用无土栽培方法加以利用。无土栽培不仅是摆脱了土地的约束，还可以不受空间限制，在无形中实现了栽培面积的扩大。

6.有利于实现农业现代化

无土栽培使农业生产摆脱了自然环境的制约，可以按照人的意志进行生产，所以是一种受控农业的生产方式。较大程度地按数量化指标进行耕作，有利于实现机械化、自动化，从而逐步走向工业化的生产方式。

二、无土栽培的应用

无土栽培作为一项新的现代化农业技术，具备许多土壤栽培不可比拟的优越性，具有广阔的发展前景，但同时也存在着一些缺陷和不足。只有正确评价无土栽培技术，充分认识其特点，才能充分发挥无土栽培的作用，扬长避短，恰到好处地真正应用好这一新技术。

图2-1-1-6

1.在土壤连作障碍严重的保护地应用

随着农村产业结构的调整，保护地蔬菜栽培发展迅猛。由于同一种蔬菜频繁连作，极易导致土壤连作障碍，如盐渍化、酸化、土传病害严重

图2-1-1-7

等。而传统的处理方法，如换土、土壤消毒灌水洗盐等都有很大的局限性。对于由此产生的蔬菜产量、品质和效益下降问题，菜农普遍采用的措施是不断增加化肥用量和不加节制地大量使用农药，从而造成生产成本不断

上升，环境污染日趋严重，直接影响设施园艺的生产效益和可持续发展。无土栽培技术作为解决温室等园艺保护设施土壤连作障碍的有效途径被世界各国广泛应用，适合我国国情的各种无土栽培形式为设施园艺的可持续发展提供了技术保障。

2.在不适宜传统农艺耕作的地方应用

无土栽培对土地没有特别的要求，可以利用不可耕地，在荒山、荒地、河滩、海岛，甚至沙漠、戈壁等难以进行传统农业耕作的地方都可以进行无土栽培。它打破了传统意义上的植物对土壤的依赖，在沙漠、荒滩、礁石岛等偏远地区，可通过无土栽培的方式生产蔬菜，满足驻军官兵、油田或矿山工人的需要。

图2-1-1-8

解放军某部在南沙群岛布满礁石的岛上用无土栽培技术生产出了郁郁葱葱的蔬菜，满足驻岛官兵的需求。在新疆哈密戈壁滩上修建了面积近140公顷的塑料日光温室，以有机生态型无土栽培系统种植哈密瓜和蔬菜等作物，取得了很好的经济效益和社会效益，这对于缓和日益严重的耕地问题有着深远意义。

3.在高档蔬菜的生产中应用

无土栽培能更好地满足植物生长和发育对环境条件的要求，能做到按植物生长发育规律供应养分，因而与土壤栽培相比，无土栽培蔬菜的商品品质、风味品质、营养品质都比较高。无土栽培不与土壤接触，因而病虫害轻微，种植过程中

图2-1-1-9

可少施或不施农药；无杂草，不用喷除草剂；肥料利用率高。同时随着人民生活水平的提高和健康意识的增强，高档蔬菜需求量也越来越大，无土栽培是目前公认的生产优质蔬菜、提高蔬菜档次的途径之一。

图2-1-1-10

4.在栽培药用植物和果木上应用

许多药用植物都是根用植物，根的生长环境十分关键，无土栽培可为药用植物提供良好的生长环境，因而种植效果十分明显。无土栽培培育的果树砧木幼苗生长快、成活率高；扦插快繁的果树生根快、成苗率高。

5.在家庭园艺中应用

普通城市居民可利用小型无土栽培装置，在自家的庭院、阳台和屋顶等空间种花、种菜，既有娱乐性，又有一定的观赏性和食用价值，便于操作，洁净卫生，可美化环境。在办公室、大厅等室内空间栽培，可美化环境，缓解人们的精神压力。这是一种十分有情趣的"都市农业"和"室内园艺"栽培形式。

图2-1-1-11

6.在农业观光园和高科技示范园中应用

观光农业是近几年兴起的一个新的产业，是一个新的旅游项目。高科技示范园则是向人们展示未来农业的一个窗口。目前这些园区采用最多的栽培方式就是科技含量较高的无土栽培，尤其是一些造型美观、独具特色的立体栽培方式，更受人们青睐。

图2-1-1-12

7.在农业科普教育中应用

2016年12月，教育部、国家旅游局等11部委联合发布《关于推进中小

图2-1-1-13

学生研学旅行的意见》，意见一经颁布立刻引起了各行业的关注，而农业领域最受瞩目，一些高科技农业示范园本身就具备科普教育功能，园区内的现代化无土栽培成为展示未来农业的一个窗口，可帮助中小学生了解植物生长发育、根系吸收、矿质营养等方面的知识，培养青少年学科学、爱科学的精神，现有的许多现代农业科技园已被列为教育部门科教基地，对学生了解现代化农业科学技术和接触农业生产实际发挥了积极的作用。

8.在太空农业上的应用

随着航天事业的发展和人类探索在太空生活的需要，在太空中采用无土栽培种植绿色植物生产食物可以说是最有效的方法。无土栽培技术在航天农业上的研究与应用正发挥着重要的作用，宇航员在太空中对所需食物做了大量研究与应用工作，有些粮食作物、蔬菜作物的栽培已获成功，并取得了很好的效果。

图2-1-1-14

9.在社会实践教育上的应用

无土栽培技术可应用于人们生活的方方面面。它既是现代农业的重要分支，也是当代社会实践教育的重要内容；它既是培养学生"实践创新""健康生活"等素养的有效载体，又是促进学生品德修养的重要手段。无土栽培的实践活动，能够广泛而深入地影响人们的生活、情感、思想、意志、性格和健康。

第二节 无土栽培的历史、现状和发展趋势

一、无土栽培的历史

"土壤是农业生产的基础"，这是长期以来人们对作物种植所形成的基本概念，而无土栽培不用土壤，努力摆脱自然条件的限制，冲破传统观念的束缚，在技术和观念上是一重大的突破和进步。人们很早以前就开始了无土栽培的各种尝试，形成了原始的无土栽培雏形。从人们无意识地进行无土栽培至今已有2000多年的历史，中国、古埃及、巴比伦、墨西哥都有文字记载原始的无土栽培方式。据考证，中国在1700年前的汉末，南方水乡就有利用葑田（又名架田，将湖泽中的葑泥移附木架上，浮于水面，成为可以移动的农田）种稻、种菜的图文记载。令人感兴趣的是中美洲的墨西哥Anes地方，当地印第安人自古就有一种在芦苇编成的筏子上铺泥土用来种植蔬菜和玉米的水面种植方法，他们称这种筏子为chinampas（音为"查那巴斯"，意为浮岛，指中美洲人的浮园耕作法）。此外，中国宋代已盛行豆芽菜栽培，利用盘碟种蒜苗、水仙花、竹筷草、水生蔬菜等。但是，人们科学地、自主性地进行无土栽培试验研究到今天大规模生产应用不过经历了140余年的历程，大体上可分为试验研究、生产应用和规模化、集约化与自动化生产应用3个时期。

1.试验研究时期（1840—1930年）

1840年，德国化学家李比希提出了植物以矿物质为原始养分的"植物矿质营养学说"，为科学的无土栽培奠定了理论基础，1865年，萨克斯和克诺普共同设计了一种水培植物的装置（见图2-1-2-1）。配制出克诺普营养液用于栽培植物试验获得成功，总结了许多水培过程的管理方法。此后其他科学家通过对营养液的深入研究，提出了许多标准的营养液配方，美国科学家霍格兰和阿农提出了营养液中添加微量元素的必要性，并对营养液中各种营养元素的比例和浓度进行了大量的研究，在此基础上发表的标准营养液配方，至今仍被广泛使用。

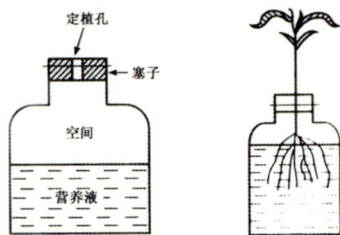

图2-1-2-1

这一时期主要是科学家先后用营养液进行植物生理学方面的试验，无土栽培只作为一种试验手段，在试验室探索植物的营养源问题，还未意识到这种先进农业生产技术的应用价值。

2.生产应用时期（1830—1960年）

无土栽培技术最早应用于生产的是1929年美国加利福尼亚大学的格里克，他利用自己设计的"水培植物设施"（见图2-1-2-2）成功种出一株植株高7.5m、单株果实重量达14.5kg的水培番茄，在科技界引起了轰动，同时对全世界无土栽培的兴起和发展也产生了深远的影响，后来美国又试验成功沙培、砾培技术。20世纪50年代以后开始进入实际应用阶段，从这个时期起意大利、西班牙、法国、英国、瑞典、以色列、前苏联等国广泛开展了相关研究与实际应用，无土栽培理论和技术趋

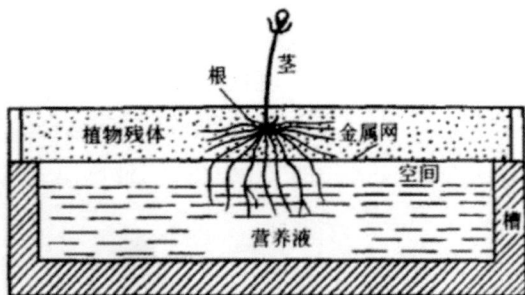

图2-1-2-2

于完善和成熟，到60年代无土栽培出现了蓬勃发展的局面。

3.规模化、集约化、自动化生产应用时期（1960年至今）

20世纪60年代以后，随着温室等设施栽培的迅速发展，在种植业形成了一种新型农业生产方式——可控环境农业（CEA），而且近二十年来发展非常迅速，无土栽培作为CEA中的重要组成部分和核心技术，充分吸收传统农业技术中的精华，广泛采用现代农业技术、信息技术、环境工程技术及材料科学技术等，将多学科研究成果加以融合和综合应用，使自身迅速发展为设施配套齐全的现代化高新农业技术，逐步实现了机械化、自动化和集约化，已成为设施生产中一项省工、省力、能克服连作障碍、实现优质高效农业的一种理想模式。该项技术在世界范围内广泛研究和推广应用，生产规模日渐扩大，大型的机械化或自动化的植物工厂在世界各地建立，代表着未来无土栽培技术的发展方向。国际无土栽培学会（ISOSC）的成立推动了世界无土栽培技术的发展，无土栽培逐渐也从园艺栽培学中分离出来并独立成为一门综合性应用科学，成为现代农业新技术与生物科学、作物栽培相结合的边缘科学。

二、无土栽培的现状

（一）国外无土栽培的现状

目前世界上无土栽培技术比较发达的国家，主要在西欧和北美。东方国家则以日本发展较快。

1.荷兰

荷兰是世界上无土栽培最发达的国家之一，无土栽培技术在20世纪80年代以后发展迅速。荷兰的无土栽培面积已达3000多公顷，无土栽培作物主要是番茄、黄瓜、甜椒和花卉（主要是切花），其中大部分实现了微电脑控制，达到了现代化、自动化生产管理水平。以国土和人口来衡量，荷兰是世界上无土栽培最先进的国家。国际无土栽培学会（International Society of Soilless Culture，ISOSC）的总部就设在荷兰。

图2-1-2-3

2.丹麦

岩棉是丹麦的格罗丹（Grodan）公司首先开发出来，并用于农业生产的。但后来岩棉发展最快的是荷兰。不过丹麦生产的岩棉质量最好，誉冠全球。现在全国有温室600公顷以上，蔬菜约占130公顷，绝大部分采用岩棉栽培。丹麦主要注重无土栽培高新技术的实用化，因此生产自动化的水平较荷兰有过之而无不及。许多新技术是在丹麦研究成熟后，在荷兰等国大面积应用。

3.斯堪的纳维亚

该半岛上的芬兰、瑞典和挪威三国，近年来经济发展较快，因此无土栽培技术也相应地发展起来。芬兰和挪威各有220公顷的温室，将近一半面积采用无土栽培。瑞典虽然温室面积较小，但技术先进，拥有自动化的生菜生产温室和技术先进的植物汁液分析实验室，可以为全国和其他国家快速分析植物营养成分，指导农业生产，得到国际上的好评。

图2-1-2-4

4.英国

英国温室作物研究所库柏（A.J.Cooper）在1973年发明了营养液膜技术，随着这一技术在世界各国的推广应用，使无土栽培的发展再一次出现高潮。1981年，英国温室作物研究所在Littlehampton（利特尔汉普顿，英国地名）建立了一个面积为8公顷的温室，专门用于番茄生产，号称为当时世界上最大的"番茄工厂"。英国在1984年的无土栽培面积为158公顷。

2009年，英国商家推出一款家用电动无土栽培机，利用美国国家航空航天局最新技术研制而成。利用这种仪器不但一年四季都能在室内种植植物，而且可以免去虫子和泥土的烦恼，更不用花很多心思照料。综观全球，无土栽培技术现已分布于世界各大洲的许多国家，如英国、德国、意大利、加拿大等，在发展面积和应用技术水平等方面都居世界前列。科威特、阿布扎比酋长国在沙漠用无土栽培大面积生产蔬菜，收到了明显的效益。在墨西哥和中亚等缺少淡水的国家，则利用海水淡化后再配成营养液栽培蔬菜，为解决农业生产水源问题找到了新的途径。

图2-1-2-5

5.北美

加拿大有2100公顷的温室，一半以上采用无土栽培，尤其是西部地区，木材工业发达，用锯末做基质种菜效果良好。

美国有4300公顷的温室，蔬菜无土栽培只有250公顷，但美国的研究工作处于领先地位。东南部迪斯尼乐园中"土地馆"的无土栽培，是世界上无土栽培方式门类最全的地方。此外，美国宇航技术发达，已经把最先进的无土栽培技术用在月球农业和星际航行上。

6.日本

日本无土栽培技术的发展得益于美军在二战期间及战后几年建立的一些大型的无土栽培设施。例如在1946年建立的22公顷砾培蔬菜生产基地以生产军需蔬菜，同时吸收了一些日本人参与管理。此后，日本也独立开展这方面的工作，从20世纪60年代至80年代，无土栽培面积扩大近300公顷。发展到2003年，日本的无土栽培面积达到1500公顷，2005年，则达到1634公顷。其无土栽培的主要作物是蔬菜，其次是花卉。日本不仅在无土栽培的实验研究和大面积应用方面处于世界领先水平，而且开展了卓有成效的超前性研究，对植物工厂的研究也处于世界的领先水平。如三菱重工、日本电力中央研究所等，所研制的各种全自动控制的植物工厂基本可实现完全的机械化和自动化生产。

图2-1-2-6

（二）我国无土栽培的现状

1931年，我国中山大学的罗宗洛研究铵硝营养的成果受到世界同行的瞩目。1937—1941年，上海的四维农场（Safeway farm）在虹桥附近采用

"基质培"栽培番茄，后因二次大战市场萧条农场停办。1941年，上海化学工业出版社出版了余诚如、陈怀圃合著的《无土种植法浅说》一书。二次大战结束后的1946—1948年，驻南京的美军顾问团为了生产洁净卫生的生食蔬菜，在御道街附近办了一个无土栽培农场，进行砾培，后因国内战争停办。1969年，台湾在龙潭农业职业高校进行无土栽培试验研究。进入20世纪70年代以后，开始进行蔬菜和水稻的营养液育苗。1975年，山东农业大学由于特需供应的任务在大陆率先开展西瓜、黄瓜、番茄等蔬菜作物的无土栽培实用化生产，先后研制出半基质培的"鲁SC-I型"和"鲁SC-II型"无土栽培装置。

我国推广应用无土栽培技术是在20世纪80年代改革开放以后，随着国际交流和旅游业的发展而发展起来的，起初是为了向开放的涉外部门提供洁净、无污染的供外宾生食的新鲜蔬菜。1985年，中国农业工程学会下设无土栽培学组，至1992年每年召开年会。1992年年会上改名为"中国农业工程学会设施园艺业委员会"，每两年开一次年会，并且与国际无土栽培学会等学术组织和研究机构建立了联系。"七五""八五"期间农业部把蔬菜作物的无土栽培列为重点科研攻关项目，南京农业大学、中国农业科学院、中国农业工程研究设计院等一批高等学校和科研院所的教学、科研、生产单位参与攻关项目，并同时开展了适合国情的无土栽培技术研究开发。通过引进、消化、吸收，先后研究开发出适合国情的高效、节能、实用的系列蔬菜无土栽培装置和形式，在全国范围内普及推广，使我国的无土研究阶段迅速进入了商品化生产时期，获得了一批具有中国自主知识产权的高新技术，使国外的先进实用农业技术率先实现了国产化。

伴随着我国设施园艺的高速发展，特别是国外大型现代化温室的引进和现代化无土栽培设施的引进，全国示范园区的兴建，同时注重品种、技术和管理人才的一并引进，开拓了生产者和研究人员的视野，消化、吸收、学习国外无土栽培先进技术设备，形成适合国情、适合我国气候特点的无土栽培设施和技术。其中，中国农业科学院蔬菜花卉

图2-1-2-7

研究所推出的有机生态型无土栽培技术，采用砖结构加薄膜的槽式栽培，生产过程中全部施用有机肥，以固体肥料施入固体基质中，滴灌清水，以降低无土栽培的投入和化肥营养液对环境污染的压力，同时简化了栽培设施，降低了投资和生产成本，在北京、新疆、山西等地推广应用。

南京农业大学以芦苇末等工农业有机废弃物添加发酵微生物群体和其他辅料，发酵合成优质环保型有机系列栽培基质，广泛应用于育苗和无土栽培之中，并形成配套的有机基质培无土栽培技术，在我国东南沿海地区取得良好效果。大部分高等农业院校在各专业开设了无土栽培学课程，对无土栽培技术的人才培养和技术普及起到了重要的作用。我国人口占世界总人口的1/4，但所拥有的耕地面积仅为世界总耕地面积的1/7，据2000年统计，全国人均耕地仅为0.01公顷。要使国民经济保持可持续发展，不断提高国民生活水平，必须不断提高有限土地面积的生产效率，开拓农业生产的空间，无土栽培可提供超过普通土壤栽培几倍甚至十几倍的产品数量，可利用沙滩、盐碱等不毛之地生产农产品，为食品安全保障体系打好基础。我国是水资源相当贫乏的国家，被列为世界上13个贫水国之一，全国人均水资源占有量仅为世界人均水平的1/4，农业每年缺水约300亿立方米，无土栽培作为节水农业的有效手段，将在干旱缺水地区发挥其重要的作用。我国设施栽培发展迅速，已成为许多地区农民致富、农业增效的有效手段。但长期栽培的结果，使设施土壤栽培连作障碍日益加剧，无土栽培作为根治土壤栽培连作障碍的有效手段正在发挥着作用，今后在设施栽培中将得到更加广泛的应用。

图2-1-2-8

近年来，我国的无土栽培蓬勃发展，各地结合当地实际进行试验研究，在推广应用中走出一条实用可行的具有中国特色的无土栽培之路。总体看，南方以广东为代表，以深液流水培技术为主；东南沿海长江流域以浮板毛管水培、营养液膜技术为主；北方广大地区由于水质硬度较高，水培难度较大，以基质栽培为主。立体栽培能充分利用空间和太阳能，提高土地利用率3~5倍，提高单位面积产量2~3倍，为节约土地资源和水资源，提高土地利用率和生产效益做出了贡献，应大力发展立体栽培技术。目前，全国有机生态型无土栽培的推广面积超过无土栽培总面积的60%，虽然我国无土栽培技术的应用起步较晚，无土栽培技术水平总体处于初级阶段，但我国是一个具有巨大发展潜力的发展中国家，无土栽培的兴起，将使农业、园艺、林业、花卉生产及开发等进入一个新的发展阶段，无土栽培技术具有广阔的发展前景。

我国的北京、上海等城市和部分发达地区，引进或自行开发无土栽培自动控制和物联网技术应用于生产。2012年，第七届世界草莓大会在北京召开，与会代表参观的草莓博览园温室内小气候自动控制，利用各类架式和地热进行无土栽培，其设备和技术均为国际一流水平。

（三）无土栽培的发展前景

从农业发展来看，人类通过对作物生长发育的干预和控制来发展农业生产。无土栽培技术的出现，使人类得以对作物生长全部环境条件进行精密控制，从而使得农业生产有可能彻底摆脱自然条件的制约，完全按照人的愿望，向着自动化、机械化和工厂化的生产方式发展。这将会使农作物的产量得以几倍、几十倍甚至成百倍地增长。

从资源的角度看，耕地是一种极为宝贵的、不可再生的资源。由于无土栽培可以将许多不可耕地加以开发利用，所以使得不能再生的耕地资源得到了扩展和补充，可使地球上许多荒漠变成绿洲，这对于缓和及解决地球上日益严重的耕地问题，有着深远的意义。海洋、太空已成为无土栽培技术开发利用的新领域，这将进一步扩大人类的生存空间。

水资源的问题，也是世界上日益严重地威胁人类生存发展的大问题。不仅在干旱地区，就是在发达的人口

图2-1-2-9

稠密的大城市，水资源紧缺也越来越突出。随着人口的不断增长，各种水资源被超量开采，某些地区已近枯竭。所以控制农业用水是节水的措施之一，而无土栽培，避免了水分的大量渗漏和流失，使得难以再生的水资源得到补偿。它必将成为节水型农业、旱区农业的必由之路。

本章知识小结

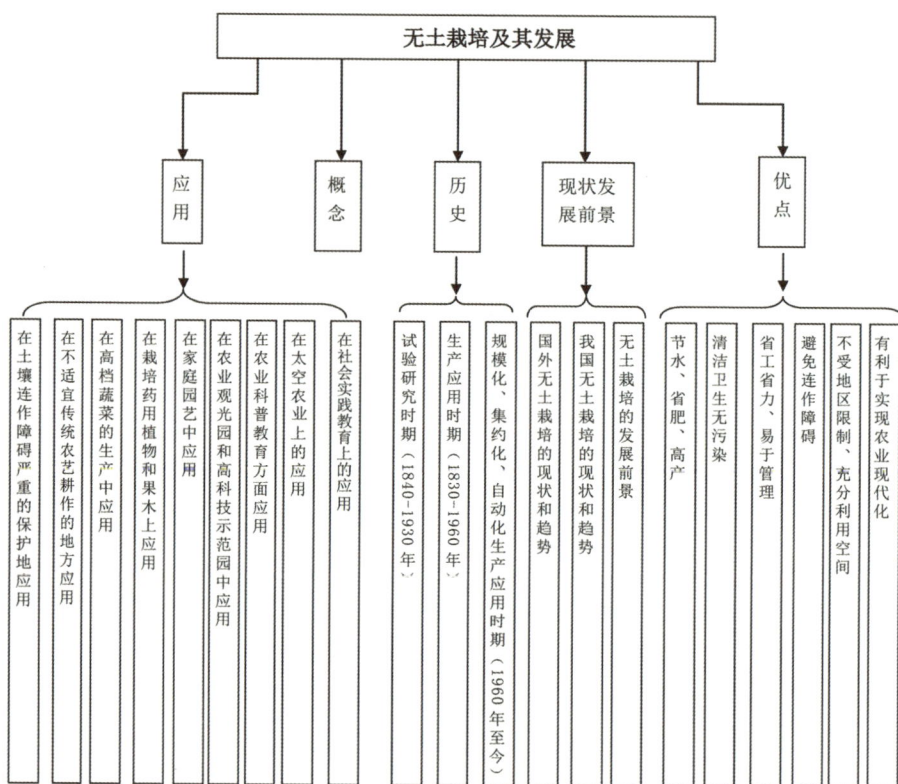

```
                        无土栽培及其发展

      ┌──────┬──────┬──────┬──────┬──────┐
      ▼      ▼      ▼      ▼      ▼
     应用    概念    历史  现状发  优点
                          展前景
```

- 在土壤连作障碍严重的保护地应用
- 在不适宜传统农艺耕作的地方应用
- 在高档蔬菜的生产中应用
- 在栽培药用植物和果木上应用
- 在家庭园艺中应用
- 在农业观光园和高科技示范园中应用
- 在农业科普教育方面应用
- 在太空农业上的应用
- 在社会实践教育上的应用
- 试验研究时期（1840-1930年）
- 生产应用时期（1830-1960年）
- 规模化、集约化、自动化生产应用时期（1960年至今）
- 国外无土栽培的现状和趋势
- 我国无土栽培的现状和趋势
- 无土栽培的发展前景
- 节水、省肥、高产
- 清洁卫生无污染
- 省工省力、易于管理
- 避免连作障碍
- 不受地区限制、充分利用空间
- 有利于实现农业现代化

本章实践与思考

（一）社会调查实践活动——无土栽培认知调查

以小组为单位对你周边不同人群进行有关无土栽培认知调查活动。要求：

1.小组研讨可以自制调查问卷，也可以选用提供的调查问卷（具体内容见附件）。

2.对有效调查问卷进行数据分析整理。

3.得出结论。

4.提出你的建议。

（二）思考与探究

1.无土栽培与土壤栽培有什么异同？

2.谈谈你对无土栽培的看法。

附件：

关于无土栽培的调查问卷

随着科技的创新和各种各类科技的问世，无土栽培技术越来越为人们所了解和接受，为此我们在这想做一个关于您对无土培植的了解的问卷调查。感谢您的参与和配合！

1.请问您的性别为？

A.男　　　　B.女

2.请问您的年龄是？

A.16—25　　B.25—35　　C.35—50

3.如果您了解过无土栽培技术，是通过什么渠道知道和了解的？

A.电视新闻广告　　　B.网络渠道　　　C.通过朋友介绍　　　D.报纸
E.其他

4.您是否有在家种植蔬菜的经历？

A.是　　　　B.否

5.您认为无土栽培安全吗？

A.安全　　B.不了解　　C.不安全

6.如果您家有阳台，你是否愿意用来种植蔬菜或花卉？

A.愿意　　B.不愿意

7.您是否喜欢在家里阳台种植植物？

A.喜欢　　B.不喜欢

8.请问您感觉哪种种菜方式好？

A.传统栽培，各种盆盆罐罐　　　B.用专业的菜盆　　C.用一套搭配好的
种菜设备

9.请问种菜对于您来说是何种难度？

A.挺难的　　　　B．一般般　　　　C.很简单

10.如果现在市场上有无土栽培蔬菜在卖，您会不会选择呢？

A.会，买来尝尝鲜　　B.会，早就想买　　C.不会　　D.视价格而定

11.无土栽培蔬菜价格比一般蔬菜稍贵，购买时您会倾向于哪种呢？

A.无土栽培蔬菜　　　B.一般蔬菜

12.您对无土栽培的市场前景什么看法？

A.市场前景不看好　　B.不好说，根据居民的消费水平及消费观念决定

C.对此不关心　　　　D.很有前景　　E.会对市场前景保持关注，希望能够进入市场

13.请问您每天会花多少时间在种菜上？

A.1—2小时　　B.3—4小时　　C.5小时以上

14.您觉得在阳台种菜的目的是？（多选题）

A.观赏　　　　B.个人兴趣　　　C .绿化环保，美化阳台

D.为家人的健康考虑　　E.丰富业余生活

F.可以吃上自己种的放心菜　　G.节省买菜钱

H.可以更好、更充分地利用阳台空间

15.您在种植的过程中遇到哪些问题？（多选题）

A.病虫害频繁　　　B.管理消耗时间过长　　C.没有掌握适当的管理方法

D.妨碍晾晒衣物等日常使用　　　E.导致室内蚊虫增多　　　F.其他

第二章 无土栽培的类型

1.了解无土栽培的分类以及在现代农业生产和其他方面中的应用情况。

2.掌握水培和雾培设施的主要类型、基本特征及组成结构。

3.知道无土栽培不同栽培类型适应定植的植物。

学习目标

无土栽培的类型很多，目前还没有统一的分类方法，按照是否使用固体基质可分为固体基质栽培和无固体基质栽培，进而根据技术特点、设施构造和固定材料的不同又细分为多种类型（如图2-2）。不同的无土栽培类型在技术难度、应用效果、一次性投资额度等方面差别很大。要想从事作物无土栽培，首先必须掌握各种无土栽培类型的特点与具体应用技术，再根据栽培作物的种类与特性、当地的技术与经济条件来选择适当的无土栽培类型。

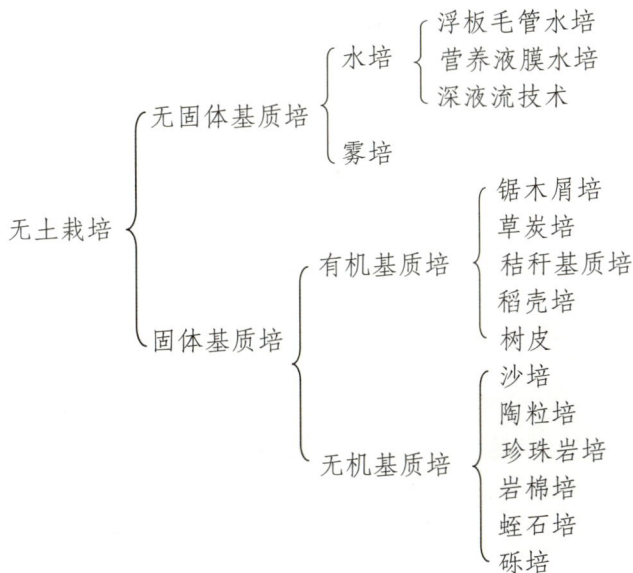

无土栽培
- 无固体基质培
  - 水培
    - 浮板毛管水培
    - 营养液膜水培
    - 深液流技术
  - 雾培
- 固体基质培
  - 有机基质培
    - 锯木屑培
    - 草炭培
    - 秸秆基质培
    - 稻壳培
    - 树皮
  - 无机基质培
    - 沙培
    - 陶粒培
    - 珍珠岩培
    - 岩棉培
    - 蛭石培
    - 砾培

图2-2无土栽培的分类

第一节　无固体基质培

无固体基质栽培是指植物根系生长在营养液或含有营养成分的湿空气中的一类栽培形式。它又可分为水培和雾培两大类型。

一、水培

水培是指植物大部分根系直接生长在营养液的液层中。水培根据营养液液层的深浅分为多种栽培形式，不同水培形式各有优缺点，应根据不同地区的生产实际灵活运用。

（一）营养液膜技术

营养液膜技术（NFT）是指营养液的液层在1—2cm浅层流动，营养液膜技术（NFT）的循环供液液流呈膜状，仅以数毫米厚浅液流流经栽培槽底部，水培作物根底部接触浅液地解决了吸气与吸氧的矛盾。营养液膜技术（NFT）设施组成，如图2-2-1-1所示。

国内栽培面积较大的有南京大厂区无公害园艺场、无锡扬名无公害园艺场、上海马桥园场等。湖北广水、河南洛阳、江苏大丰近年来也有较大面积发展。

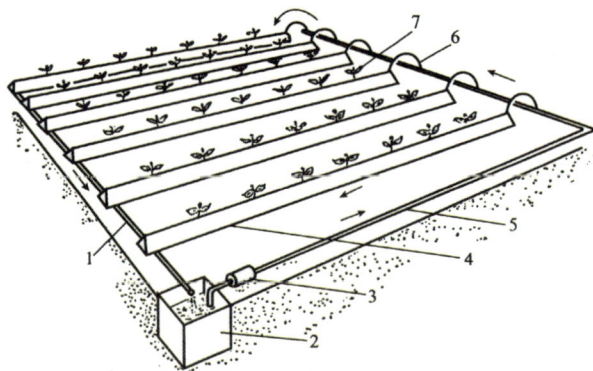

1.回流管　2.贮液池　3.泵　4.种植槽　5.供液主管
6.供液支管　7.植株

图2-2-1-1

图2-2-1-2

1.营养液膜技术特点：设施建设的投资较少，构造简单，制作容易；由于塑料膜系一次性使用，所以不需要进行栽培槽消毒，生产操作容易；根系呈网状，很发达，上部直接与空气接触，供氧充足；种植槽很轻，易于高架，可以减轻小株型作物（如草莓、生菜、菠菜等）生产过程中的劳动强度。

2.适合定植的植物：草莓、果菜类和叶菜类。

（1）茄果类：茄子、番茄和辣椒等。

图2-2-1-3

（2）瓜类：黄瓜、南瓜、冬瓜、丝瓜、菜瓜、瓠瓜和蛇瓜等，以及西瓜和甜瓜等鲜食的瓜类。

图2-2-1-4

（3）普通叶菜类：生菜、小白菜、芥菜、菠菜、芹菜和苋菜等。

图2-2-1-5

图 2-2-1-6

（4）辛番叶菜类：葱、韭菜、芫荽和茴香等。

图 2-2-1-7

（5）鳞茎菜类：洋葱、大蒜和百合等。

图 2-2-1-8

（二）深液流技术

深液流水培技术（Deep Flow Technique，DFT）是指营养液液层深度在5cm以上的水培技术。此法液温稳定，不怕停电停水，适用于亚热带、热带推广。广州市蔬菜科学研究所与自动化研究所合作，研究用电脑控制深液流水培营养液酸碱度传感器和盐类传感器，实现半自动化控制营养液供应，并初步应用于生产。珠海市农业科学研究中心利用深水培生产薤菜和哈密瓜，中间种一茬叶菜，产品大多销往澳门。深液流水培技术（DFT）设施组成，如图2-2-1-9所示。

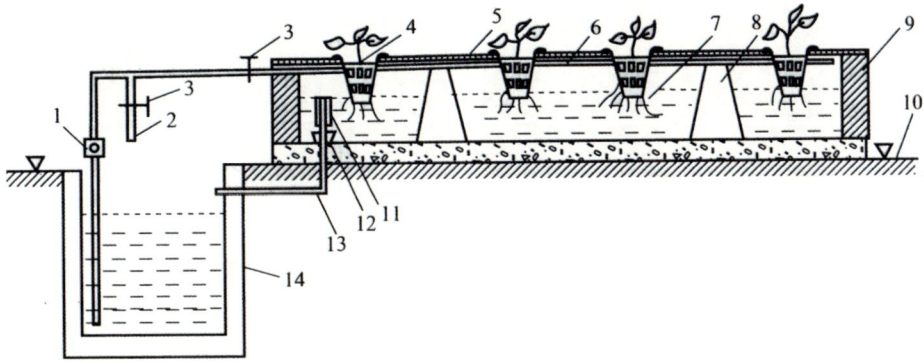

1.水泵 2.增氧支管 3.流量调节阀 4.定植杯 5.定植板 6.供液管 7.营养液 8.支承墩
9.种植槽 10.地面 11.液层控制管 12.橡皮管 13.回流管 14.贮液池

图2-2-1-9

1.深液流技术栽培特点

（1）种植槽和营养液液层较深。这样使得在种植槽中营养液总量多，在植物生长过程中营养液组成、浓度、酸碱度、水分和温度等变化相对较小，根系生长环境相对较为稳定。

（2）营养液循环流动。流动溶液既能增加营养液中溶解氧浓度，又可消除营养液静止所产生的根部微区域代谢产物积累和养分亏缺现象，还可以使因沉淀而失效的营养物质重新溶解。

（3）植株悬挂种植在营养液液面以上。悬挂在液体上的植物根颈部远离液面，可避免植物生长中根颈部因缺氧而出现腐烂甚至死亡现象。

2.适宜定植的植物：鸭跖草、薄荷、长寿花、红火满天星、四季秋海棠、风信子、滴水观音、银星海棠、吊兰、绿萝等花卉和番茄、黄瓜、辣椒、节瓜、丝瓜、甜瓜、西瓜等果菜类以及菜心、小白菜、生菜、通菜、细香葱等叶菜类。

图2-2-1-10

图2-2-1-11

图2-2-1-12

（三）浮板毛管水培技术

浮板毛管水培技术（Floating Capillary Hydroponics，FCH）是指营养液液层深度在5～6cm，在营养液中放置一块上铺无纺布的泡沫塑料，植物的根系生长在湿润的无纺布上的水培技术。其栽培槽采用隔热性能良好的聚苯乙烯泡沫板，压模制成长1m、宽0.4m、深0.1m的凹形槽，可连接成15～30m栽培槽，内衬垫黑色聚乙烯膜防渗漏，槽内液面漂浮板，厚1.25cm，宽度不超过定植板上两行定植穴行距，浮板上铺50g/m²无纺布，两端垂入培养液中。通过毛管作用使无纺布成湿毡状，由定植穴伸入液面定植杯，紧靠浮板两侧定植蔬菜。营养液由定时器控制水泵，每天定时输液，通过管道空气混合器流入栽培槽更换栽培液，经由排液口流回贮液池。浮板毛管水培技术（FCH）设施组成，如图2-2-1-13所示。

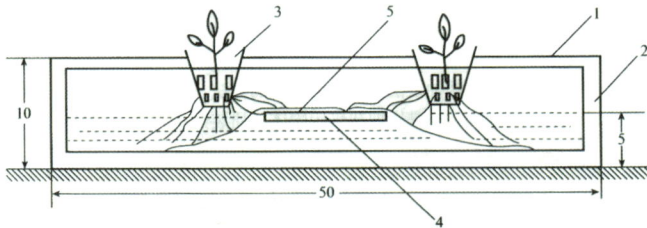

1.定植板　2.种植槽　3.定植杯　4.浮板　5.无纺布

图2-2-1-13

1.浮板毛管水培技术特点：培养湿气根，创造富氧环境，改善根系供氧条件；营养液供给稳定，不怕短期停电；根际环境稳定；设备投资少，运行能耗较低。

2.适宜定植的植物：鸭跖草、薄荷、长寿花、红火满天星、四季秋海棠、风信子、吊兰、绿萝等花卉和空心菜、生菜、黄瓜、番茄、樱桃、黄瓜、辣椒、芹菜、结球生菜、反季节蕹菜等蔬菜。

图2-2-1-14

二、雾培

雾培，又称喷雾培或气培，是作物根系悬挂在封闭、不透光的容器（槽、箱或床）内，营养液通过特殊装置形成水雾，间歇性地将营养液喷到作物根系上，以提供作物生长发育所需水分和养分的一类无土栽培技术，这种方法可同时解决根对养分、水分和氧气的需求。因雾培设备投资大，根际温度受气温影响大，设备和管理水平要求高，大多应用在立体栽培和观光农业生产上。雾培的栽培类型可分喷雾培和半雾培两种类型，如图2-2-1-15至图2-2-1-17所示。其中，特殊类型是半喷雾培（可看作是水培的一种类型），即部分根系生长在浅层的营养液层或短时间浸没在雾状的营养液中，大部分根系或多数时间根系在雾状营养液的空间内。

1.泡沫板 2.塑料薄膜 3.植株
4.根系 5.供液管 6.喷头
图2-2-1-15

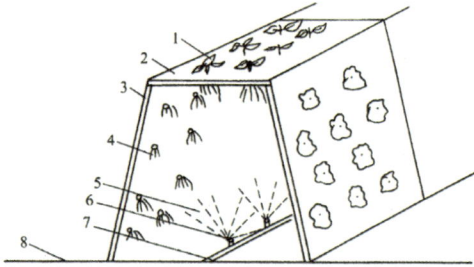

1.植株　2.泡沫顶板　3.泡沫侧板　4.根系
5.雾状营养液　6.喷头　7.供液管　8.地面

图2-2-1-16

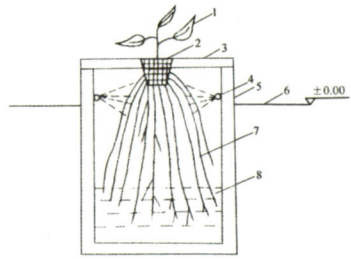

1.植株　2.定植杯　3.定植板　4.喷头
5.种植槽　6.地面　7.根系　8.营养液层

图2-2-1-17

1.雾培的特点：可很好地解决根系氧气的供应问题，几乎不会出现由于根系缺氧而生长不良的现象；养分及水分的利用率高，养分供应快速而有效；可充分利用温室内的空间，提高单位面积的种植数量和产量，温室空间的利用要比传统的平面式栽培提高2—3倍；根区温度、湿度、养分和气体四大要素可实现精准控制；易实现栽培管理的自动化。

2.适宜定植的植物：鸭跖草、穿心莲、薄荷、五色草、观赏草莓、百合、马铃薯、番薯等根系发达且生长较快的植物。

图2-2-1-18

第二节　固体基质栽培

固体基质栽培简称基质培，是指通过各种天然或人工合成的固体基质固定根系，作物从基质中吸收营养和氧气的一类栽培形式，基质培的最大特点是有基质固定根系，并借以保持和充分供应营养和空气，能够很好地协调水、肥、气三者矛盾，设备投资较低，便于就地取材，生产性能优良而稳定。但基质会占用部分投资，生产用量和所占体积较大，填充、消毒、再利用费用较高，费时费工，后继生产资料消耗较大。根据生产上选用的基质不同，基质培分为无机基质培、有机基质培；根据栽培形式的不同分为槽培、箱培、盆栽、袋培、立体栽培等。

一、无机基质栽培

无机基质栽培是指用河沙、岩棉、珍珠岩、蛭石等作为栽培基质的栽培形式。其中，应用最广泛的是岩棉培，在西欧、北美的基质栽培中占绝大多数。我国则以珍珠岩培、蛭石培、煤渣培和沙培等作为常用的无机基质栽培方式。陶粒培大多用于花卉无土栽培。目前无机基质培发展最快，应用范围较广。

岩棉培是以岩棉作为植物生长基质的一类无土栽培技术。作为工业上保温隔热材料的岩棉使用的历史较长，而作为农业用的岩棉是在1968年由丹麦的格罗丹公司开发研制出来的，后来许多公司先后生产出了农业用岩棉，由于岩棉的密度小，孔隙度大，具有很好的通气性和持水性，再加上其制造过程中的高温条件使得岩棉呈无菌状态，成为无土栽培中一种深受人们欢迎的基质。岩棉培生产设施的材质轻便，建设安装简单，省力，费用相对较低，生产过程的管理简便，在配备有关的控制装置的条件下易于实现大规模生产的自动化，成为近三十年来无土栽培的一个重要方向。岩棉栽培技术实施，如图2-2-2-1所示。

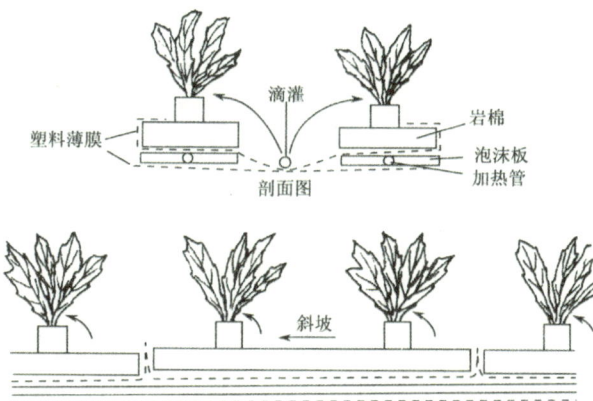

图2-2-2-1

从1980年以来，岩棉培首先在欧洲应用普及，很快在全世界的许多地方得到广泛应用，目前应用的面积已超过3万公顷（不完全统计），其中以荷兰、英国、日本、以色列、俄罗斯等国的面积较大。荷兰岩棉培花卉和蔬菜的面积达3500公顷以上。1980年以来我国也引进了一些岩棉培的设施，例如，广东省江门市江荷园有限公司1988年从荷兰引进一套岩棉培生产设施，总面积为1000m²，共有2座温室，每座温室500m²，费用为107万美元。在上海、沈阳、浙江、山东等地也先后引进了一些岩棉培生产设施。1988年江苏省南京市玻璃纤维研究设计院和江苏省农业科学院首次研究开发成功国产的农用岩棉，为今后岩棉培的发展创造了物质基础。丹麦的格罗丹公司目前在上海也设有办事处。但在目前我国国情下，使用岩棉作为基质的生产成本仍然较高，因此，近十年来除了引进的设备之外，国产化的岩棉生产设施建设不多，发展速度缓慢。

1.岩棉培的特点：岩棉是由60%的辉绿岩或玄武岩、20%的石灰石或白云石、20%的焦炭混合后经1600℃高温熔化喷丝而成，纤维长度为5~8m。岩棉容重一般为80~90kg/m^3，总孔隙率为2%，浸水后岩棉的三相比为：固相2.3%，液相45.2%，气相52.5%，pH≥7，具有较好的吸水性能和保水性能。

（1）透气、持水性能较高，能够为作物根系提供良好的环境条件。岩棉总孔隙率90%以上，持水孔隙为88%，在具备良好的持水性能的基础上又具备良好的通气性能，可以起到良好的吸水、保水、保肥、通气和固定植株根系的作用。

（2）易于实现精准调控和标准化生产。由于岩棉是由岩石熔融抽丝而成，本身不含有任何的营养元素，因此适用于多种作物，与精准灌溉系统相结合，可以实现精准的水肥调控；由于理化性质均一，可实现在不同地域、不同设施类型下进行标准化的生产。

（3）有效避免病虫害尤其是土传病害发生。由于岩棉经过高温加热而成，本身不携带病菌、虫卵，且岩棉栽培属于无土栽培，采用支架支撑或黑色薄膜覆盖，有效避免了土传病害的发生。

2.适宜定植的植物：番茄、黄瓜、甜瓜、甜椒、茄子、结球莴苣和草莓以及月季、香石竹、一品红、兰花、菊花与苗木扦插等。

图2-2-2-2

二、有机基质栽培

有机基质栽培是指用草炭、木屑、稻壳、树皮、菇渣等作为栽培基质的栽培形式。由于这类基质为有机物，所以在使用前多做发酵处理，以保持理化性状的稳定，达到安全使用的目的，实践中应根据不同地区的资源状况，选择合适的有机基质栽培形式。

锯末屑是指木头加工时留下的锯末、刨花粉料（如图2-2-2-3）。它加入50%的山林表土是一种很理想的盆栽基质。以黄杉和铁杉的锯末为最好，有些侧柏的锯末有毒，不能使用。较粗锯末混以25%的稻壳，可提高基质的保水性和通气性。另外，锯末含有大量杂菌及致病微生物，需经过适当处理和发酵腐熟才能应用。其碳素含量较高，经过发酵腐熟分解后还需加入一定量的氮源以利于碳素的降解。

图2-2-2-3

1.锯末屑基质优点：除具备无土栽培所共有的省地、省肥、省水、杂草少、卫生、作物生长快、成熟早、产量高、品质佳、果实着色好等优点外，还具有基质轻，容重比蛭石轻约一倍；来源广，易于推广，成本低，价格比蛭石低35～52倍；用肥量少，纤维素分解可释放肥分，再补充少量肥料即可满足作物生长发育要求；利用率高，制作一次可常年利用；锯末表面粗糙，附着力强，毛细管作用好，有利于水、肥蓄藏和供给。

2.锯末屑适宜定植的植物：

（1）锯末可作杜鹃、金桔、山茶、桂花等花木高枝压条的包扎基质。其方法是：在梅雨季节，选择生长旺盛的生枝条，在离顶端10～15cm处，进行环状剥皮，再包上塑料袋，袋内填入湿锯末和山泥（各半相混），两端扎紧，然后把盆花放在半阴半阳处，进行日常的养护管理。2～3月即可生根，待生根后，即可剪离母株成一新花苗。

图2-2-2-4

（2）锯末可作月季、栀子、石榴等花木插条的生根基质。其方法是：取比插条高度稍高，有一定长度的塑料薄膜，铺上湿锯末（手捏不滴水），再按2～3cm左右的距离铺上插条，然后再盖湿锯末，插条顶部露出1～2cm。最后把其卷好缚紧，每10～20条插条为一扎，每若干扎用大塑料薄膜袋盛装，并稍扎紧袋口以利保温。由于湿度易于控制，因而发根更快。

图2-2-2-5

图2-2-2-6

（3）经发酵腐烂后的锯末，营养全面，无偏氮缺磷钾之虞，且质地疏松，干湿适中，是一种简便的无土栽培材料，尤其适宜盆栽文竹、兰花等。将此盆花置于室内，既清洁卫生，又文雅清秀，实为理想观赏之隽品。

（4）经发酵、消毒后的锯末，调节好酸碱度后，作试管苗出瓶后过渡性栽培的基质，其效果和珍珠岩粉一样好，可以用来种植蘑菇、黑木耳、金针菇等食用菌并加工成绿色食品。

图2-2-2-7

第三节　固体基质栽培设施系统

在基质无土栽培系统中，固体基质的主要作用是支持作物根系及提供作物一定的营养元素。基质栽培的方式有槽培、袋培等。其营养液的灌溉方法有滴灌、上方灌溉和下方灌溉，但以滴灌应用最为普遍。基质系统可以是开放式的，也可以是封闭式的，这取决于是否回收和重新利用多余的营养液。在开放系统中，营养液不进行循环利用，而在封闭系统中营养液则进行循环利用。由于封闭式系统的设施投资较高，而且营养液管理较为复杂，因而在我国目前的条件下，基质栽培适宜采用开放式系统。下面介绍几种主要基质栽培方式。

一、槽培

槽培就是将基质装入一定容积的栽培槽中种植作物，目前生产中推广面积相对较大的有机生态型无土栽培、混合基质培及沙培、砾培等主要采用的是槽培。传统做法，混凝土一直被采用建造永久性的栽培槽设施，也可用木板做成半永久性槽，但目前应用较为广泛的是在温室地面上直接用红砖垒成栽培槽，而不用水泥砌，实际上只建设无底的槽的边框，所以不需特别牢固，只要能保持基质不散落就行。为了降低生产成本，各地也可就地取材，采用木板条、竹竿、铁丝等制成栽培槽，总的要求是在作物栽培过程中能把基质维持在栽培槽内，而不撒到槽外。为了防止渗漏并使基质与土壤隔离，通常在槽的基部铺1~2层塑料薄膜，防止土壤病虫传染，同时还有贮水的作用（如图2-2-3-1）。

图2-2-3-1

槽培主要采用滴灌系统供液。营养液可由水泵供给植株（如图2-2-3-2）。为了避免由于滴灌管堵塞造成供液不均匀，槽培可以用滴灌软带代替滴灌管。中国农业科学院蔬菜花卉所用滴灌软带进行槽培番茄、黄瓜等作物，取得了良好的效果。这种方法简化了滴灌系统设备，营养液输送效果好，省时、省力、省料，如图2-2-3-3所示。

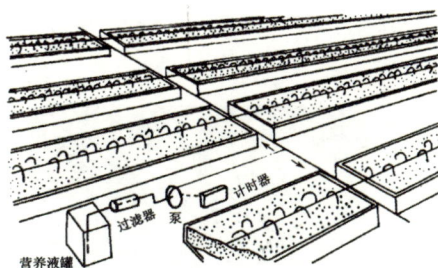

图2-2-3-2

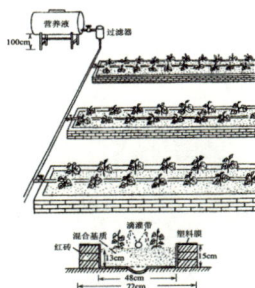

图2-2-3-3

栽培槽的大小和形状取决于不同作物田间操作的方便程度。如番茄、黄瓜等爬藤作物通常每槽种植2行以便于整枝、绑蔓和收获等田间操作，槽宽一般为0.4m（内径宽度）。对某些矮生植物可设置较宽的栽培槽，如草莓、生菜、油菜等作物进行多行种植，只要保证手能方便地伸到槽的中间进行田间管理就行，栽培槽的深度以15cm为好，为了降低成本也可采用较浅的栽培槽，但较浅的载培槽在灌溉时必须特别细心。槽的长度可由灌溉能力（灌溉系统必须能对每株作物提供同数量的营养液或清水）、温室结构以及田间操作所需走道等因素来决定。槽的坡度至少应为0.4%，这是为了获得良好的排水性能，如有条件，还可在槽的底部铺设一根多孔的排水管。

图2-2-3-4

常用的槽培基质有沙、蛭石、锯末、珍珠岩、草炭与蛭石混合物、草炭与炉渣混合物，以及草炭或蛭石与沙的混合物等（如图2-2-3-5）。少量的基质可用人工混合，如果基质很多，最好采用机械混合。一般在基质混合之前，应加一定量的肥料作为基肥。例如：草炭0.4m^3，炉渣0.6m^3，硝酸钾1.0kg，蛭石复合肥1.0kg，消毒鸡粪10.0kg。混合后的基质不宜久放，应立即装槽或装袋使用。因为久放，一些有效营养成分会流失，基质的酸碱度（pH值）和电导度（EC值）也会有所变化，混合后基质的性质应符合基质的适用性和经济性原则。如果采用石砾作为单一基质栽培，所用的石砾以用花岗岩碎石最为理想，粒径5～15mm，其中13mm左右的占1/2左右，容重为1.5g/cm^3，总孔隙为40%，持水孔隙占7%左右，这样既能保水，又能保持良好的通透性。

图2-2-3-5

二、袋培

袋培是将基质装在塑料袋中，袋子通常由抗紫外线的聚乙烯薄膜制成，这样可以使袋子至少使用2年，在光照较强的地区，塑料袋表面应以白色为好，以便反射光并防止基质升温。相反，在光照较少的地区，则袋表面应以黑色为好，以利冬季吸收热量，保持袋中的基质温度。

通常用作袋培的塑料薄膜为直径30～35㎝的筒膜。筒式袋培是将筒膜剪成35㎝长用塑料薄膜封口机或电烫斗将筒膜一端封严后，将基质装入袋中，直立放置，即成为一个桶式袋。枕头式袋培是将筒膜剪成70㎝长，用塑料薄膜封口机或电烫斗封严筒膜的一端，装入20～30L基质，再封严另一端，依次摆放到栽培温室中。定植前，如图2-2-3-6所示，先在袋上开两个直径为10㎝的定植孔，两孔中心距离为40㎝。

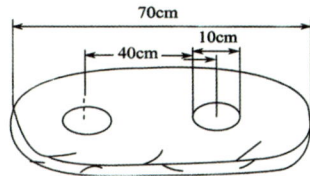

图2-2-3-6

在温室中排放栽培袋以前，温室的整个地面应铺上乳白色或白色朝外的黑白双色塑料薄膜，以便将栽培袋与土壤隔开，同时有助于冬季生产增加室内的光照强度。

无论是开口桶式袋培还是枕头式袋培，都应在袋的靠底部两侧开2～3个直径为长1㎝的小孔，以便多余的营养液能从孔中渗透出来，防止沤根。袋培基质可以是单一基质，如椰糠、珍珠岩、岩棉等，也可以是有机无机混合基质。在生产实践中，为了克服单一基质理化特性的缺陷，多采用复合基质，但作为袋培基质，多以轻型基质为主，一般不选用沙、石砾等容重较大的基质。对基质性质的要求，可参阅固体基质相关内容。

袋培都采用滴灌方式供液，供液系统由供液主管（直径32～50mm）、支管（直径20～25mm）、毛管（直径13mm）、滴管和滴头组成。滴管和滴头接在毛管上，每一植株有一滴头。为了确保每株滴液量相同，毛管在水平床面的长度在20m内，过长会造成末端植株的供液量小于进液口一端的供液量，导致作物生长不一致，栽培规模较小时可采用重力滴灌方式（见图2-2-3-7），规模较大采用水肥一体化供液设施，配备浓缩营养液和定比吸肥器，为了确保滴

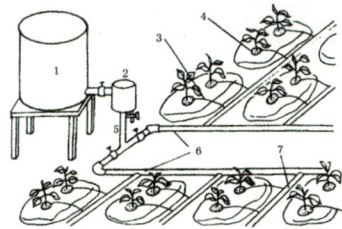

图2-2-3-7

灌的均匀性，可进行分区供液。

袋培通常应用于栽培果菜类蔬菜，其栽培方式有三种。

第一种：开口筒式袋培。每袋装基质10~15L，种植1株番茄或黄瓜等果菜，如图2-2-3-8所示。

图2-2-3-8

第二种：枕头式袋培。每袋装基质20~30L，种植2株番茄或黄瓜，如图2-2-3-9所示。

图2-2-3-9

第三种：椰糠或岩棉基质袋培。大规模应用于园艺设施中，如图2-2-3-10所示。

图2-2-3-10

三、垂直栽培

垂直栽培也称立体栽培，主要种植生菜、草莓等矮秧类作物。依其所用材料是硬质的还是软质的，又分为柱状栽培和长袋状栽培。

1.柱状栽培

栽培柱采用石棉水泥管或硬质塑料管，在管四周按螺旋位置开孔，植株种植在孔中的基质中。也可采用专用的无土栽培柱，栽培柱由若干个短的模形管构成。每一个模形管上有几个突出的杯状物，用以种植植物（见图2-2-3-11）。

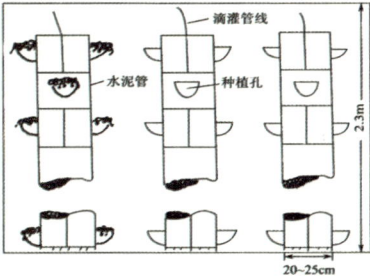

图2-2-3-11

2.长袋状栽培

长袋状栽培是柱状栽培的简化。这种装置除了用聚乙烯袋代替硬管外，其他都是一样的。栽培袋采用直径为15㎝，厚0.15m的乙烯筒膜，长度一般为2m，内装以栽培基质，底端结紧以防基质落下，从上端装入基质成为香肠的形状，上端结扎，然后悬挂在温室中，袋子的周围开一些2.5～5㎝的孔，以种植植物（如图2-2-3-12）。无论是柱状栽培还是长袋状栽培，栽培柱或栽培袋均是挂在温室的上部结构上，在行内彼此间的距离约为80㎝，行间的距离为1.2m。水和养分的供应，是用安装在每一个柱或袋顶部的滴灌系统进行的，营养液从顶部灌入，通过整个栽培袋向下渗透。营养液不循环利用，从顶端渗透到袋的底部，即从排水孔中排出。每月要用清水洗盐一次，以清除可能集结的盐分。

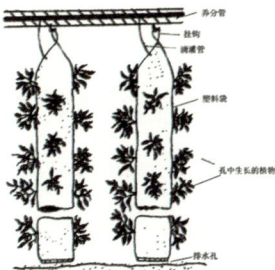

图2-2-3-12

本章知识小结

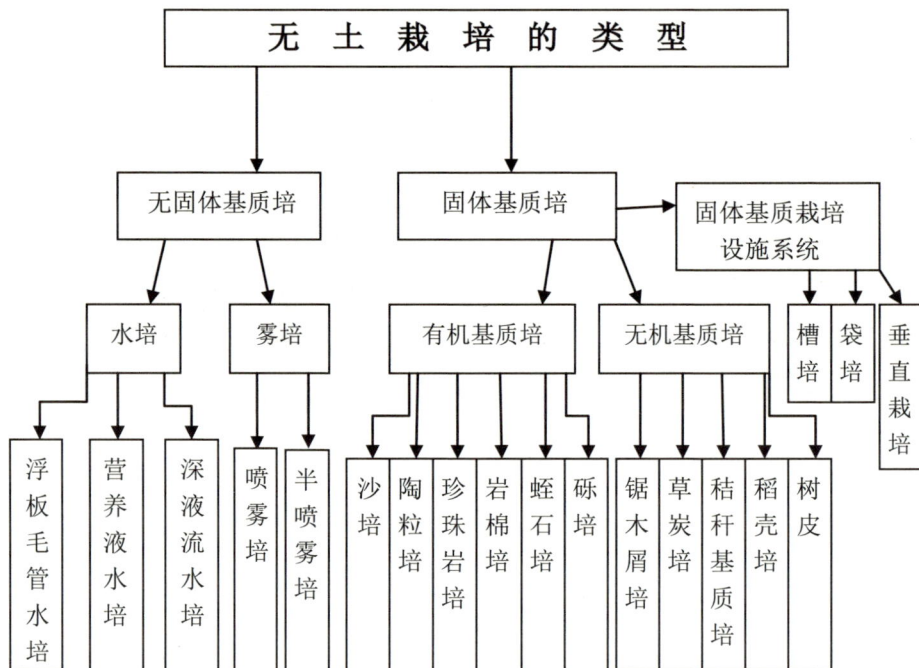

```
┌─────────────────────────────────────────┐
│          无 土 栽 培 的 类 型            │
└─────────────────────────────────────────┘

┌──────────────┐   ┌──────────────┐   ┌──────────────┐
│  无固体基质培  │   │  固体基质培    │──▶│ 固体基质栽培   │
└──────────────┘   └──────────────┘   │ 设施系统      │
                                       └──────────────┘
```

无固体基质培		固体基质培		固体基质栽培设施系统		
水培	雾培	有机基质培	无机基质培	槽培	袋培	垂直栽培
浮板毛管水培 / 营养液水培 / 深液流水培	喷雾培 / 半喷雾培	沙培 / 陶粒培 / 珍珠岩培 / 岩棉培 / 蛭石培 / 砾培	锯木屑培 / 草炭培 / 秸秆基质培 / 稻壳培 / 树皮			

本章实践与思考

（一）实践活动——无土栽培类型的实地调查

1.活动目的

通过对本地区无土栽培类型的实地调查，结合观看影像资料和问题探究的学习，掌握本地区主要无土栽培类型的结构特点、性能及应用。

2.实施

（1）分组制订无土栽培类型调查方案。

（2）设计调查所用表格，并实际调查和记录。

（3）分析不同形式无土栽培类型结构的异同、性能的优劣和成本构成与经济效益。

（4）撰写调查报告。叙述本次调查的时间、调查方法、调查的企业。总结本地区无土栽培类型、结构、性能及其应用的主要情况。画出（或者用照片反映）主要设施类型的结构示意图，注明各部位名称并指出优缺点。分析本地区主要无土栽培类型结构的特点和形成原因，提出无土栽培发展的合理化建议。

（5）将调查报告制作成PPT，在班上演示交流。

（二）思考与探究

1.深液流水培设施的基本特征和优缺点是什么？其在生产中有哪些应用？

2.雾培设施结构主要包括哪几部分?有何优缺点?

3.比较不同无土栽培类型之间的不同点。

第三章 无土栽培常见病虫害及其防治

> 1.掌握无土栽培常见病虫害防治方法，能够有效实施环境调控。
> 2.认清作物主要营养失调的症状表现与防治方法。
> 3.培养环保意识、生态意识、辩证思维、责任心、观察力和执行力。
>
> 学习目标

　　无土栽培由于环境条件比较干净，可以控制地下病害的发生，大大减少了植物染病的机会，但无土栽培与土壤中发生病害的情况不一样，土壤中有各种缓冲效应，而无土栽培特别是纯水培，这种缓冲效应很小。在循环栽培系统中，营养液很少有稳定的微生物相，病原菌与根部接触的机会很多，即使有1株植物发病，也有大面积发生的危险，因为病原菌能在营养液中迅速蔓延。基质栽培特别是有机生态型栽培系统，具有类似土壤的缓冲效应，从这个角度讲，比营养液栽培有一定的优势。总之，无土栽培控制病虫害主要依靠环境控制，使植株生长健壮，提高抗病能力。

第一节　根系病害

　　在营养液循环系统中，环境条件中的温度与湿度保持恒定，其病害比基质栽培的更多，尤以各种腐霉病，给栽培作物造成很大的危害。

一、无土栽培根系常见病原体及其危害

1.细菌

　　细菌病害如软腐病、青枯病和溃疡病等，在土壤栽培过程中，主要靠水作媒介传给植物，无土栽培时主要用营养液灌溉，因此传染速度就更快。细菌主要从根部伤口入侵植物体，其繁殖速度比真菌快。因此，保持植株根系健康，不伤根是很重要的。

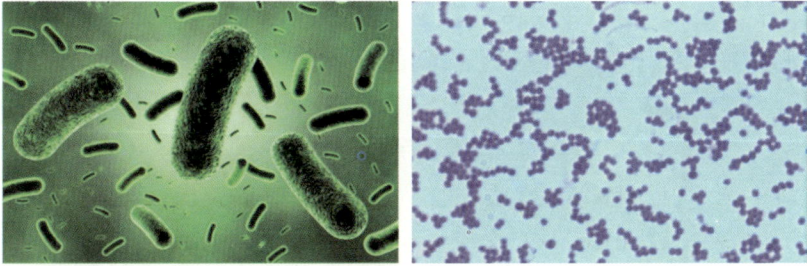

图2-3-1-1

2.疫病菌

疫病菌可引起疫病，疫病的初侵染来源是菌丝、卵孢子及厚垣孢子，它们在土壤中或者在被害组织内以休眠状态存活，在适宜的环境条件下形成菌丝或游动孢子囊，再形成游动孢子。游动孢子借助鞭毛和水到达根部，形成休止孢子，萌发后侵入植物体。侵入植物体的菌丝在细胞间隙扩展，有时产生吸器插入细胞内，但一般是产生强烈的软化酶软化组织后，菌丝便可穿透细胞膜，在病斑表面形成游动孢子囊。有游动孢子间接萌发和游动孢子囊直接萌发两种类型。

3.镰刀菌

镰刀菌引起的病害很多，枯萎病是其中比较普遍发生的病害。镰刀菌以厚垣孢子存活并成为传染源，环境适宜时可萌发从根部侵入，菌丝经导管扩展并形成分生孢子，如遇环境不良时，由菌丝和分生孢子形成厚垣孢子而长期存活，枯萎病也可以由种子传播。

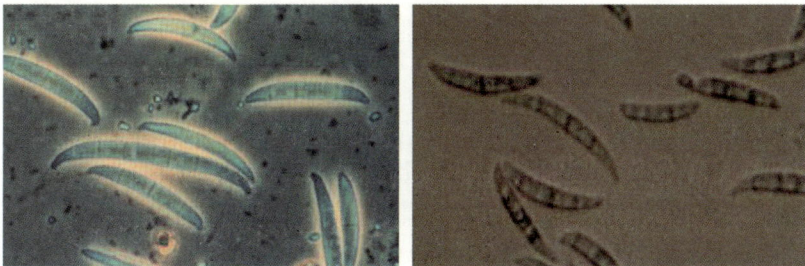

图2-3-1-2

4.根结线虫病

温室土壤种植作物二三年后，根结线虫普遍发生，有些地方十分严重，主要危害作物，如黄瓜、甜瓜、南瓜、番茄、茄子和胡萝卜等，沙土或沙壤土中发生较多线虫，不是细菌，也不是真菌，是一种软体动物，其危害症状像病，因此一般列入病害的范围。

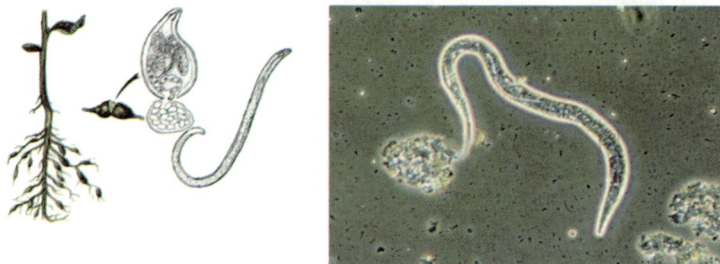

图2-3-1-3

二、根系病害的症状

病菌侵入植株后会产生不同的病症，如植株矮化、凋萎，有时整株死亡。线虫侵入后，在主根、侧根均可发病，以侧根为多，在根上形成许多瘤状物，似豆科植物的根瘤，但互相联成捻珠状，大小不一，一般为球形，表面白色，以后变成褐色或黑色。植株的地上部萎缩或黄化，阳光充足时植株容易萎蔫，危害不十分严重时，植株早晨叶子还能平展，中午阳光充足植株萎蔫，严重时全株死亡。

腐霉菌侵入植株，病害发生时根腐烂、凋萎，植株严重矮化，甚至在1周内全部死亡。

三、根系病害的防治

根系病害的防治，主要有生物学防治、物理防治和化学防治。

1.生物学防治

方法一：选用抗病品种。

选用抗病品种来防止根系病害，准确鉴定病原，选育适当的品种。

方法二：利用有颉抗作用的微生物来防治病害。

2.物理方法

方法一：清洁卫生。

清除所有的植物残株，以及能带病菌的各种用具，尽量保持无菌的栽培环境。基质重复利用时要进行消毒，消毒以蒸汽消毒较好，工作人员手脚要洗净，保持环境卫生，以大大减少病菌危害。

方法二：种子消毒。

（1）干热消毒：可将番茄、黄瓜、甜瓜等种子在70～73℃处理72小时。

（2）温汤浸种：将番茄、黄瓜种子于53～55℃水中浸泡处理20～30分钟。

（3）中性次氯酸钙消毒：用7000mg/L消毒液浸泡处理黄瓜、甜瓜等种子60分钟。消毒后用水洗，风干后播种。如果处理后不风干立即播种，会产生药害。

方法三：控制环境。

在许多环境因素中，有两种因素控制着病原菌在植物体的传播与发展，这就是土壤的水分与温度。在营养液膜水培系统中，根系是处于稳定的饱和水状态，主要是控制根系的水位和流量，并且通过控制室内的温度和营养液温度来控制根系病害的发生。

方法四：营养液消毒。

有病菌的灌溉水里（主要是地面水，如江河中的水），要先将病菌除去，然后才可灌溉。用这种水配制营养液，要进行处理，目前主要的方法有过滤、紫外光灯消毒、超声波处理、臭氧处理和加热处理。

3.化学防治

方法一：杀生物剂。

将杀生物剂加到营养液循环系统中，对控制病害有明显的效果。但也存在问题，主要原因：一是多数杀生物剂都有14天的药剂残效期，而水培系统种植莴苣等绿叶菜是天天都要采收的。二是许多杀生物剂会被植物吸收，进到植物的果实和叶子中，其含量超过标准的量。三是病菌对杀生物剂产生抗性的生理小种发展很快。

方法二：表面活化剂。

在欧洲国家的无土栽培，常将活化剂加入营养液循环系统中，可以防止莴苣的叶柄肥大病。这种病都是由病毒引起的，它是通过云薹菌游动孢子传播的，如果加表面活化剂，则游动孢子在几分钟内就不游动了。最近的研究证明：表面活化剂对腐霉菌和疫病的病菌也很有效，因为这些病菌对活化剂也很敏感，当把这些病菌暴露在不电离的表面活化剂，只要1分钟，游动孢子就不游动了。但对菌丝及已产生细胞壁的孢子，表面活化剂的作用就不大。

第二节　叶部病害

叶子的病害很多，这与土壤栽培没有多大差别，由于无土栽培无论采用基质或循环水系统，环境卫生都比较好，植株生长健壮，抗病性强，从而可避免许多病菌的发生和迅速蔓延。

一、番茄叶斑病

番茄的叶斑病主要有3种，即叶霉病、斑枯病和早疫病。叶霉病称为黑毛，是温室番茄的重要病害。斑枯病又名斑点病，我国北方发生较多，整个番茄生长期均可发生，叶子、果子上均易被侵染。

（一）病原及特征

叶霉病是属半知菌亚门真菌，其真菌定名为黄枝孢菌。叶霉病菌以附着在种子表面和侵入种皮内的菌丝及残存和附着在病残体、架材和土壤中的菌丝与孢子越冬。翌年春在适宜的温湿度条件下，产生新的分生孢子，孢子随风或弹射到叶片等部位侵入，一直延续到秋末。该病流行速度较快，在适合的条件下，从始发期到盛发期只需要10～15天左右的时间。相对湿度在80%以上，有利于孢子的形成及病斑扩展。相对湿度在90%以上病害易发生和流行，叶表面结露可促进病害发展。高温高湿有利于病害的发生，其中湿度是影响发病的重要因素。若温室内温度在20℃～25℃，相对湿度大于90%，发病可以从无到有。

斑枯病的病原菌为番茄壳针孢，属半知菌亚门真菌，病原菌有两种，分别为杨生小球壳菌和杨小球壳菌。

早疫病是由茄链格孢菌侵染所致，在真菌分类中，属于半知菌亚门链格孢属。其主要侵染体是分生孢子。这种棒状的分生孢子晕暗褐色，通过气流、微风、雨水溅流，传染到寄主上，通过气孔、伤口或者从表皮直接侵入。在体内繁殖多量的菌丝，然后产生孢子梗，进而产生分生孢子进行传播。

（二）危害症状

叶霉病主要危害叶片，严重时也可以危害茎、花、果实等。叶片发病初期，叶面出现椭圆形或不规则淡黄色褪绿病斑，叶背面初生白霉层，而后霉层变为灰褐色至黑褐色绒毛状，是病菌的分生孢子梗和分生孢子，条件适宜时，病斑正面也可长出黑霉，随病情扩展，病斑多从下部叶片开始逐渐向上蔓延，严重时可引起全叶干枯卷曲，植株呈黄褐色干枯状。果实染病后，果蒂部附近形成圆形黑色病斑，并且硬化稍凹陷，造成果实大量脱落。嫩茎及果柄上的症状与叶片相似。

图2-3-2-1

　　斑枯病病菌主要浸染叶片。其病斑特点因寄主和病菌种类的不同而有区别。一般最初在叶正面出现褐色圆形小斑，后渐扩大为多角形大斑，为灰白色或浅褐色，边缘深褐色，斑内散生或轮生许多小黑点，为病菌的分生孢子器。叶背面有毛的叶片，病斑不明显，在叶背面无毛的叶片上，背面也有病斑和小黑点。一个病叶上可生数十个小斑，互相连接后，叶片变黄，干枯脱落。

　　早疫病主要危害叶片，也可危害幼苗、茎和果实。幼苗染病，在茎基部产生暗褐色病斑，稍凹陷有轮纹。成株期叶片被害，多从植株下部叶片向上发展，初呈水浸状暗绿色病斑，扩大后呈圆形或不规则形的轮纹斑，边缘多具浅绿色或黄色的晕环，中部呈同心轮纹，潮湿时病斑上长出黑色霉层（分生孢子及分生孢子梗），严重时叶片脱落；茎部染病，病斑多在分枝处及叶柄基部，呈褐色至深褐色不规则圆形或椭圆形病斑，凹陷，具同心轮纹，有时龟裂，严重时造成断枝。青果染病，多始于花萼附近，初为椭圆形或不规则形，褐色或黑色斑，凹陷，后期果实开裂，病部较硬，密生黑色霉层。叶柄、果柄染病，病斑灰褐色，长椭圆形，稍凹陷。

图2-3-2-2

（三）叶斑病的防治

1.防治措施

叶斑病这三种病原菌均喜欢潮湿的环境条件。应注意控制温室环境，相对湿度不能太大，加强通风，初期发病可以及时摘除老叶。

2.药剂防治

可用50%托布津可湿性粉剂500～600倍液、50%菌灵可湿性粉剂500倍液、75%百菌可湿性粉剂600～800倍液喷洒叶子，背面一定要喷到，以增强防治效果。

二、番茄灰霉病

（一）病原及特征

番茄灰霉病病原为半知菌亚门的灰葡萄孢菌。病菌主要以菌核（寒冷地区）或菌丝体及分孢梗（温暖地区）随病残体遗落在土中越夏或越冬，条件适宜时，萌发菌丝，产生分生孢子，借气流、雨水和人们生产活动进行传播。

（二）危害症状

灰霉病是对番茄危害较重且常见的病害，各菜区都有发生。茎、叶、花、果均可危害，主要危害果实，通常以青果发病较重。茎染病时开始呈水浸状小点，后扩展为长圆形或不规则形，浅褐色，湿度大时病斑表面生有灰色霉层（病菌分生孢子及分生孢子梗），严重时致病部以上茎叶枯死导致枯萎病；叶片发病多从叶尖部开始，沿支脉间呈"V"形向内扩展，初呈水浸状，展开后为黄褐色，边缘不规则、深浅相间的轮纹，病、健组织分界明显，表面生少量灰白色霉层。果实染病，残留的柱头或花瓣多先被侵染，后向果实或果柄扩展，致使果皮呈灰白色，并生有厚厚的灰色霉层，呈水腐状。

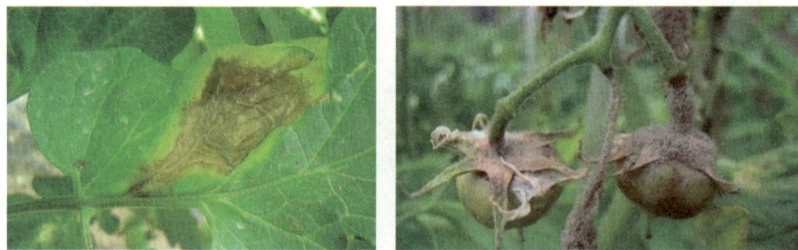

图2-3-2-3

（三）病的防治

1.化学防治

方法一：用药预防。

以早期预防为主，掌握好用药的3个关键时期，即苗期、初花期、果实膨大期。

（1）苗期：定植前选择无病苗移栽。

（2）初花期：第1穗果开花时，进行预防。

（3）果实膨大期：在浇催果水（尤其在浇第一、二穗果催果水）前一天。

方法二：用药治疗。

（1）灰霉病初发时一般仅表现在残败花期及中下部老叶，用50%异菌脲按1000～1500倍液稀释喷施，5天用药1次；连续用药2次，就能有效控制病情，使病害症状消失。

（2）发病中后期，可采用中西医结合的防治方法，摘除病残体后，对设施进行熏棚，次日使用霉止50ml与内吸性强的化学药物复配，复配时需用中药杀菌剂为母液。

2.物理防治

摘除病果病叶时，要用塑料袋套住后，方可摘除，以免操作不当，散发病菌，传播病害。

方法一：种子臭氧灭菌处理。

在育苗下籽前，用臭氧水浸泡种子40～60分钟。

方法二：大剂量臭氧空棚灭菌。

在幼苗移栽前，关闭放风口，用大剂量臭氧气体对空棚进行灭菌处理。

3.生物防治

方法一：预防为主，综合治理。

进入秋天后，白天降低棚内湿度，保持通风，摘除病残体，清理出田间。

方法二：治疗方案

（1）品种选择。应用高抗灰霉病番茄品种是防治番茄灰霉病的基础。

（2）清园处理。①整地前清除上茬残枝败叶减少菌源；②大棚定植前高温闷棚和熏蒸消毒，利用夏秋休闲高温季节，密闭大棚。霉止70毫升加沃丰素25ml兑水30斤连喷2～3次，3天喷施1次，控制后改为预防。

（3）阴雨天管理。温度20℃左右，阴雨（雪）天光照不足，保护地湿度大，通风不及时，相对湿度在90%以上，结露时间长，是灰霉病发生蔓延的重要因素。

三、黄瓜霜霉病

（一）病原及特征

黄瓜霜霉病病原为卵菌门假霜霉属古巴假霜霉菌，其病菌的孢子囊靠气流和雨水传播。在温室中，人们的生产活动是霜霉病的主要传染源。黄瓜霜霉病最适宜发病温度为16℃~24℃，低于10℃或高于28℃，较难发病，低于5℃或高于30℃，基本不发病。

（二）危害症状

霜霉病主要发生在叶片上。苗期发病，子叶上起初出现褪绿斑，逐渐呈黄色不规则形斑，潮湿时子叶背面产生灰黑色霉层，随着病情发展，子叶很快变黄，枯干。成株期发病，叶片上初现浅绿色水浸斑，扩大后受叶脉限制，呈多角形，黄绿色转淡褐色，后期病斑汇合成片，全叶干枯，由叶缘向上卷缩，潮湿时叶背面病斑上生出灰黑色霉层，严重时全株叶片枯死。抗病品种病斑少而小，叶背霉层也稀疏。

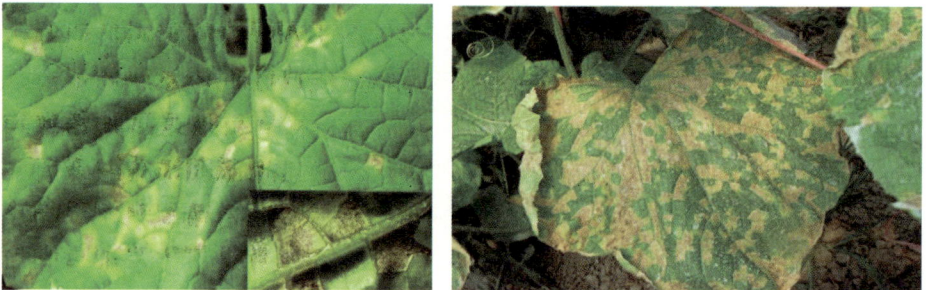

图2-3-2-4

（三）病的防治

方法一：黄瓜霜霉病防治应该以预防为主。

预防的时期根据温湿度条件而定。一般在阴雨天到来之前及连续阴雨的情况下，进行预防。方法可采用喷洒保护性药剂或采用烟熏剂、粉尘等进行预防。一般每公顷亩用量3~3.75kg，分放在棚内4~5处，点燃后闷棚，熏一夜，次晨通风，5~7天熏一次。

方法二：霜霉病一旦发生，应用药剂进行防治。

药剂以水剂为主，喷药时要均匀周到，叶子正、背面均匀喷洒，重点是病叶的叶背霉层，此外对上部健康叶片进行喷药保护。

方法三：选用对霜霉病抗病良种。

方法四：加强栽培管理，适当稀植，采用高畦栽培。

浇小水，严禁大水漫灌，雨天注意防漏，有条件的地区采用滴灌技术可较好地控制病害；收获后彻底清除病残落叶，并带至棚、室外妥善处理。

四、黄瓜白粉病

（一）病原及特征

黄瓜白粉病原菌为真菌，为专性寄生病，可常年寄生于寄主植物上，成为初侵染源。该病菌的发病适温在20℃~25℃，对空气相对湿度要求不严格，在25%左右的空气相对湿度条件下，病害也可发生及流行。

（二）危害症状

黄瓜白粉病俗称"白毛病"，以叶片受害最重，其次是叶柄和茎，一般不危害果实。发病初期，叶片正面或背面产生白色近圆形的小粉斑，逐渐扩大成边缘不明显的大片白粉区，布满叶面，好像撒了层白粉。抹去白粉，可见叶面褪绿，枯黄变脆。发病严重时，叶面布满白粉，变成灰白色，直至整个叶片枯死。白粉病侵染叶柄和嫩茎后，症状与叶片上的相似，惟病斑较小，粉状物也少。在叶片上开始产生黄色小点，而后扩大发展成圆形或椭圆形病斑，表面生有白色粉状霉层。一般情况下部叶片比上部叶片多，叶片背面比正面多。霉斑早期单独分散，后联合成一个大霉斑，甚至可以覆盖全叶，严重影响光合作用，使正常新陈代谢受到干扰，造成早衰，产量受到损失。

图2-3-2-5

（三）病的防治

1.病害防范。

选择通风良好，土质疏松、肥沃，排灌方便的地块种植。要适当配合使用磷钾肥，防止脱肥早衰，增强植株抗病性。阴天不浇水，晴天多放风，降低温室或大棚的相对湿度，防止温度过高，以免出现闷热。在黄瓜白粉病发病前期或未发病时，主要是用保护剂防止病害侵染发病。

2.药物治疗。

在田间叶片出现白粉病为害症状，应注意用速效治疗剂，并注意加入适量保护剂合理混用，防止病害进一步加重与蔓延。

3.加强管理。

白粉病发生时，可在黄瓜行间浇小水，提高空气湿度，同时结合喷药，控制病害。另外，避免过量施用氮肥，增施磷钾肥，拉秧后清除病残组织等。

五、黄瓜细菌性角斑病

（一）病原及特征

黄瓜细菌性角斑病属细菌，称丁香假单胞杆菌黄瓜角斑病致病型。菌体短杆状，一端生有1~5根鞭毛，有荚膜，无芽孢，革兰氏染色阴性，发育适温25℃~28℃，在49℃~50℃下经10分钟致死。病原菌随病残体在土壤中或以带菌种子越冬，为翌年初次侵染菌源。种子上的病菌在种皮和种子内部可存活1~2年，播种后直接侵染子叶，病菌在细胞间繁殖，借雨水反溅、棚顶水珠下落、昆虫等传播蔓延，从寄主自然孔口和伤口侵入，经7~10天潜育后出现病斑，潮湿时产生菌脓。

（二）危害症状

主要危害叶片、叶柄、卷须和果实，有时也侵染茎。子叶发病，初呈水浸状近圆形凹陷斑，后微带黄褐色干枯；成株期叶片发病，初为鲜绿色水浸状斑，渐变淡褐色，病斑受叶脉限制呈多角形，灰褐或黄褐色，湿度大时叶背溢出乳白色浑浊水珠状菌脓，干后具白痕，后期干燥时病斑中央干枯脱落成孔，潮湿时产生乳白色菌脓，蒸发后形成一层白色粉末状物质，或留下一层白膜。茎、叶柄、卷须发病，侵染点水浸状，沿茎沟纵向扩展，呈短条状，湿度大时也见菌脓，严重的纵向开裂呈水浸状腐烂，变褐干枯，表层残留白痕。瓜条发病，出现水浸状小斑点，扩展后不规则或连片，病部溢出大量污白色菌脓。条件适宜病斑向表皮下扩展，并沿维管束逐渐变色，并深至种子，使种子带菌。幼瓜条感病后腐烂脱落，大瓜条感病后腐烂发臭。瓜条受害常伴有软腐病菌侵染，呈黄褐色水渍腐烂。

图2-3-2-6

（三）病的防治

夏季气温较高，是黄瓜细菌性角斑病的高发期，该病主要侵染黄瓜的叶片、瓜条、茎蔓等部位，其在叶片上的危害症状与黄瓜霜霉病的危害症状相似。

方法：选用耐病品种。

从无病瓜上采种，瓜种可用70℃恒温箱干热灭菌72小时，或用50℃温水浸种20分钟，捞出晾干后催芽播种。

六、甜瓜蔓枯病

（一）病原及特征

甜瓜蔓枯病属半知菌亚门真菌。病菌以子囊壳、分生孢子器、菌丝体潜伏在病残组织上留在土壤中越冬，翌年产生分生孢子进行初侵染。植株染病后释放出的分生孢子借风雨传播，进行再侵染。

（二）危害症状

主要危害主蔓和侧蔓，有时也危害叶柄、叶片。叶片受害初期在叶缘出现黄褐色"V"字型病斑，具不明显轮纹，后整个叶片枯死。叶柄受害初期出现黄褐色椭圆型至条型病斑，后病部逐渐缢缩，病部以上枝叶枯死。果实染病，病斑圆形，初亦呈油渍状，浅褐色略下陷，后变为苍白色，斑上生有很多小黑点，同时出现不规则圆形龟裂斑，湿度大时，病斑不断扩大并腐烂。

图2-3-2-7

（三）病的防治

方法：选用龙甜1号等抗蔓枯病的品种，此外，还可选用伊丽沙白、新蜜杂、巴的等早熟品种。用药剂处理种子，对杀灭种子上病菌，防止苗期侵染具有重要作用。浸种种子可用40%福尔马林150倍液浸种30分钟，捞出后用清水冲洗干净再催芽播种；也可用50%甲基硫菌灵或多菌灵可湿性粉剂浸种30～40分钟。用种子重量0.2～0.3%的40%拌种双粉剂或50%多菌灵可湿性粉剂拌种。种子包衣，用0.3～0.5%的种衣剂9号或10号进行包衣，可有效地防治立枯病，还可兼治猝倒病和炭疽病。

七、茄子褐纹病

（一）病原及特征

茄褐纹拟茎点霉属真菌界、半知菌类、腔孢纲、球壳孢目、球壳孢科、拟茎点霉属真菌。茄褐纹拟茎点霉病斑上产生的黑色小点是病菌的分生孢子器。病菌发育最低温度为7℃～11℃，最高温度为35℃～40℃，而最适温度为28℃～30℃。分生孢子萌发的适温为20℃。孢子在清水中不能萌发，以在新鲜茄汁浸出液中发芽最好。

（二）危害症状

幼苗受害，多在茎基部出现近菱形的水渍状斑，后变成黑褐色凹陷斑，环绕茎部扩展，导致幼苗猝倒。稍大的苗则呈立枯病部上密生小黑粒，成株受害，叶片上出现圆形至不规则斑，斑面轮生小黑粒，主茎或分枝受害，出现不规则灰褐色至灰白色病斑，斑面密生小黑粒；严重的茎枝皮层脱落，造成枝条或全株枯死；茄果受害，长形茄果多在中腰部或近顶部开始发病，病斑椭圆型至不规则形大斑，斑中部下陷，边缘隆起，病部明显轮纹，其上也密生小黑粒，病果易落地变软腐，挂留枝上易失水干腐成僵果。

图2-3-2-8

（三）病的防治

1.物理防治

先用冷水将种子预浸3～4小时，然后用55℃温水浸种15分钟，或用50℃温水浸种30分钟，立即用冷水降温，晾干播种。

2.化学防治

方法一：苗床灭菌。

每平方米用50%多菌灵可湿性粉剂或50%福美双可湿性粉剂10g拌细土2kg制成药土，播种时，取1/3药土撒在苗床上铺垫，2/3药土盖在种子上。

方法二：种子灭菌。

10%的"401"抗菌剂1000倍液浸种30分钟、300倍福尔马林溶液浸种15分钟、1%高锰酸钾溶液浸种10分钟、0.1%硫酸铜溶液浸种5分钟，浸种后捞出，用清水反复冲洗后凉干播种。用50%苯菌灵可湿性粉剂和50%福美双可湿性粉剂各1份与干细土3份混匀后，用种子重量的0.1%拌种。

八、茄子绵疫病

（一）病原及特征

茄子绵疫病是由茄疫霉菌引起的真菌病害。病菌主要以卵孢子在土壤中病株残留组织上越冬，成为翌年的初侵染源。卵孢子经雨水溅到植株体上后萌发芽管，产生附着器，长出侵入丝，由寄主表皮直接侵入。病部产生的孢子囊所释放出的游动孢子可借助雨水或灌溉水传播，使病害扩大蔓延。高温高湿有利于病害发展。一般气温25℃～35℃，相对湿度85%以上，叶片表面结露等条件下，病害发展迅速而严重。

（二）危害症状

幼苗期发病，茎基部呈水浸状，发展很快，常引发猝倒，致使幼苗枯死。成株期叶片感病，产生水浸状不规则形病斑，具有明显的轮纹，但边缘不明显，褐色或紫褐色，潮湿时病斑上长出少量白霉。茎部受害呈水浸状缢缩，有时折断，并长有白霉。花器受侵染后，呈褐色腐烂。果实受害最重，开始出现水浸状圆形斑点，边线不明显，稍凹陷，黄褐色至黑褐色。病部果肉呈黑褐色腐烂状，在高湿条件下病部表面长有白色絮状菌丝，病果易脱落或干瘪收缩成僵果。

图2-3-2-9

（三）病的防治

方法一：选用抗病品种。

要选择兴城紫圆茄、贵州冬茄、通选1号、济南早小长茄、竹丝茄、辽茄3号、丰研11号、青选4号、老来黑等。

方法二：种子消毒。

播种前对种子进行消毒处理，如用50℃～55℃的温水浸种7～8分钟后播种，可大大减轻绵疫病的发生。

方法三：采用穴盘育苗。

可采用288孔六盘，一穴一粒种子，养分充足，根系发达，定植时不伤根或少伤根，增强了抗病性，减少了染病机会。

九、辣椒疫病

（一）病原及特征

辣椒疫病的病原是辣椒疫霉菌，属于鞭毛菌的卵菌。辣（甜）椒疫病是由鞭毛菌亚门，辣椒疫霉真菌侵染所致。病菌以卵孢子在土壤中或病残体中越冬，借风、雨、灌水及其他农事活动传播。发病后可产生新的孢子囊，形成游动孢子进行再侵染。病菌生育温度范围为10℃～37℃，最适宜温度为20℃～30℃。空气相对湿度达90%以上时发病迅速；重茬、低洼地、排水不良、氮肥使用偏多、密度过大、植株衰弱均有利于该病的发生和蔓延。

（二）危害症状

染病幼苗茎基部呈水浸状软腐，致上部倒伏，多呈暗绿色，最后猝倒或立枯状死亡；定植后叶部染病，产生暗绿色病斑，叶片软腐脱落；茎染病亦产生暗绿色病斑，引起软腐或茎枝倒折，湿度大时病部可见白霉；花蕾被害迅速变褐脱落；果实发病，多从蒂部或果缝处开始，初为暗绿色水渍状不规则形病斑，很快扩展至整个果实，呈灰绿色，果肉软腐，病果失水干缩挂在枝上呈暗褐色僵果。

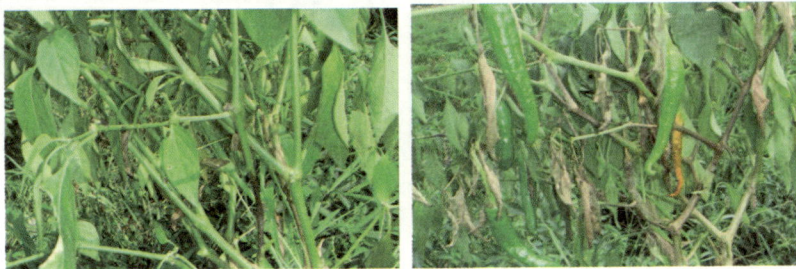

图2-3-2-10

（三）病的防治

方法：选用抗病品种，种子严格消毒，培育无菌壮苗；定植前7天和当天，分别细致喷洒两次植物生长调节剂和保护剂，做到净苗入室，减少病害发生。

十、辣椒炭疽病

（一）病原及特征

辣椒炭疽病的病原是辣椒刺盘孢和果腐刺盘孢，属于半知菌的真菌。辣椒炭疽病主要危害将近成熟的辣椒果实，染病果实。炭疽病是辣椒上的常发病害，特别在高温季节，果实受灼伤，极易并发炭疽病使果实完全失去商品价值。

（二）危害症状

叶片染病多发生在老熟叶片上，产生近圆形的褐色病斑，亦产生轮状排列的黑色小粒点，严重时可引致落叶。茎和果梗染病，出现不规则短条形凹陷的褐色病斑，干燥时表皮易破裂。

果实染病，先出现湿润状、褐色椭圆形或不规则形病斑，稍凹陷，斑面出现明显环纹状的橙红色小粒点，后转变为黑色小点，此为病菌的分生孢子盘。天气潮湿时溢出淡粉红色的粒状粘稠状物，此为病菌的分生孢子团。天气干燥时，病部干缩变薄成纸状且易破裂。

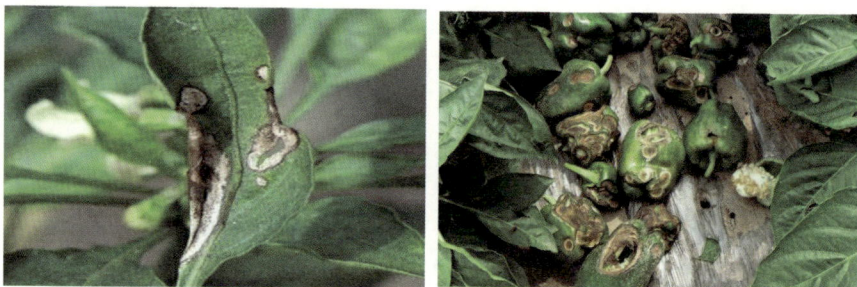

图2-3-2-11

（三）病的防治

方法：种植抗病品种。

开发利用抗病资源，培育抗病高产的新品种。从无病果实采收种子，作为播种材料。如果种子有带菌嫌疑，可用55℃温水浸种10分钟，进行种子处理。或用凉水预浸1～2小时，然后用55℃温水浸10分钟，再放入冷水中冷却后催芽播种。也可先将种子在冷水中浸10～12小时，再用1%硫酸铜浸种5分钟，或用50%多菌灵可湿性粉剂500倍液浸1小时，捞出后用草木灰或少量石灰中和酸性，再进行播种。

十一、辣椒疮痂病

（一）病原及特征

辣椒疮痂病称野油菜黄单胞辣椒斑点病致病型。属细菌，菌体杆状，两端钝圆，具极生单鞭毛，能游动。病原细菌主要在种子表面越冬，也可随病残体在田间越冬。旺长期易发生，病菌从叶片上的气孔侵入，潜育期3～5天；在潮湿情况下，病斑上产生的灰白色菌脓借雨水飞溅及昆虫作近距离传播。

（二）危害症状

辣椒疮痂病主要危害叶片、茎蔓、果实；叶片染病后初期出现许多圆形或不规则状的黑绿色至黄褐色斑点，有时出现轮纹，叶背面稍隆起，水泡状，正面稍有内凹；茎蔓染病后病斑呈不规则条斑或斑块；果实染病后出现圆形或长圆形墨绿色病斑，直径0.5cm左右，边缘略隆起，表面粗糙，引起烂果。

图2-3-2-12

（三）病的防治

方法：播种前可用55℃温水加新高脂膜浸种15分钟后移入冷水中冷却，后催芽播种。加强苗期管理，适期定植，促早发根，合理密植，移栽后应喷施新高脂膜防止地上水分不蒸发，苗体水分不蒸腾，缩短缓苗期，使辣椒苗壮成长。

十二、草莓灰霉病

（一）病原及特征

病菌孢子梗数根丛生，褐色，有隔膜，顶端呈1~2次分枝，顶端密生小柄，大小为1452.5~3168.2微米×8.5~11.5微米。分生孢子椭圆形至圆形，单细胞，近无色，大小为4.2~10.5微米×3.5~7.5微米。有时产生菌核。病菌以菌丝体、分生孢子随病残体或菌核在土壤内越冬。通过气流、浇水或农事活动传播。

（二）危害症状

主要为果实，也侵害叶片和叶柄。发病多从花期开始，病菌最初从将开败的花或较衰弱的部位侵染，使花呈浅褐色坏死腐烂，产生灰色霉层。叶多从基部老黄叶边缘侵入，形成"V"字形黄褐色斑，或沿花瓣掉落的部位侵染，形成近圆形坏死斑，其上有不甚明显的轮纹，上生较稀疏灰霉。果实染病多从残留的花瓣或靠近或接触地面的部位开始，也可从早期与病残组织接触的部位侵入，初呈水渍状灰褐色坏死，随后颜色变深，果实腐烂，表面产生浓密的灰色霉层。叶柄发病，呈浅褐色坏死、干缩，其上产生稀疏灰霉。

图2-3-2-13

（三）病的防治

方法：采用滴灌节水栽培。

选用紫外线阻断膜抑制菌核萌发。开花前期、开花坐果期和浇水前喷药防治，促进果实发育，重点保花保果，协调营养平衡，防治草莓畸形发生，使草莓丰产优质，浇水后加大放风量。使用霉止70～100倍液进行喷雾。

十三、草莓褐斑病

（一）病原及特征

草莓褐斑病由半知菌亚门树疱霉菌属侵染所引致，病菌以菌丝体和分孢器在病叶组织内或随病残体遗落土壤中越冬，以分生孢子作为初次侵染和再次侵染接种体，借雨水溅射传播侵染致病。温暖多湿，特别是时晴时雨的天气易发病。

（二）危害症状

草莓褐斑病主要危害叶片，叶斑近圆形，直径2～4mm，边缘紫褐色，中部黄褐色至灰白色，后期斑面现小黑粒。

图2-3-2-14

（三）病的防治

方法一：选植抗病品种。

方法二：栽植时剔除重病株，并用70%甲基硫菌灵500倍液，浸苗

15～20分钟，晾干后栽种。

方法三：药剂防治喷洒70%甲基硫菌灵可湿性粉剂800倍液、40%多硫悬浮剂600倍液、75%百菌清可湿性粉剂600倍液等。

十四、生菜菌核病

（一）病原及特征

生菜菌核病属子囊菌核盘菌真菌。病菌以菌核或病残体遗留在土壤中越冬。北方地区3～4月气温回升到5℃～30℃，只要土壤湿润，菌核就萌发产生子囊盘和子囊孢子。子囊盘开放后，子囊孢子成熟即喷出，形成初次侵染。子囊孢子萌发先侵害植株根茎部或基部叶片。受害病叶与邻近健株接触即可传病。

（二）危害症状

生菜菌核病主要危害茎基部。最初病部为黄褐色水渍状，逐渐扩展至整个茎部发病，使其腐烂或沿叶帮向上发展引起烂帮和烂叶，最后植株萎蔫死亡。

图2-3-2-15

（三）病的防治

方法：药剂防治

定植前在苗床用可湿性粉剂40%新星乳油8000倍液，或25%粉锈宁可湿性粉剂4000倍液喷洒。发病初期，先清除病株病叶，再选用65%甲霉灵可湿性粉剂600倍液、50%多霉灵可湿性粉剂600倍液、40%菌核净可湿性粉剂1200倍液、40%菌核利可湿性粉剂500倍液、45%特克多悬乳剂800倍液喷雾。

十五、生菜霜霉病

（一）病原及特征

病菌喜低温高湿环境，发病温度范围为1℃～25℃；发病环境温度为

15℃~20℃，相对湿度95%左右；最适感病生育期为成株期。发病潜育期3~7天。霜霉病的主要发病盛期在3~5月、9~11月。

（二）危害症状

生菜霜霉病从幼苗到收获各阶段均可发生，以成株受害较重。主要为害叶片，由基部向上部叶发展。发病初期在叶面形成浅黄色近圆形至多角形病斑，空气潮湿时叶背产生霜霉状霉层，有时可蔓延到叶面。后期病斑连片枯死，呈黄褐色，严重时全部外叶枯黄死亡。

图2-3-2-16

（三）病的防治

方法：合理密植。

结球生菜的株行距以25×25cm为宜，散叶生菜株行距以30×30cm为宜，光照充足有利于植株生长，过密容易引发病害。

十六、生菜灰霉病

（一）病原及特征

在土壤中越冬借气流传播，寄生衰弱或受低温侵袭，相对湿度高于94%及适温易发病。发病适温为20℃~25℃。

（二）危害症状

生菜灰霉病在苗期染病，受害茎、叶呈水浸状腐烂；成株染病，始于近地表的叶片，初呈水浸状，后迅速扩大，茎基腐烂，疮面上生灰褐色霉层，天气干燥，病株逐渐干枯死亡，霉层由白变绿，湿度大时从基部向上溃烂，叶柄呈深褐色。

图2-3-2-17

（三）病的防治

方法：药剂防治。

若发现病株及时拔除并带出集中烧毁，同时应根据植保要求喷施50%多菌灵可湿性粉剂600倍液、50%速克灵可湿性粉剂2000倍液等针对性药剂进行防治，并配合喷施新高脂膜800倍液增强药效，提高药剂有效成分利用率，巩固防治效果。

第三节 虫害

温室栽培的虫害很多。在我国目前生产条件下，危害最严重的虫害有蚜虫、棉铃虫、白粉虱、美洲斑潜蝇、蓟马、红蜘蛛等。这些害虫都不是地下害虫，其发生规律和防治方法与栽培方式关联不大。

一、蚜虫

蚜虫，又称腻虫、蜜虫，为多态昆虫，同种有无翅和有翅，有翅个体有单眼，无翅个体无单眼。具翅个体2对翅，前翅大，后翅小，前翅近前缘有1条由纵脉合并而成的粗脉，端部有翅痣。第6腹节背侧有1对腹管，腹部末端有1个尾片。蚜虫是地球上最具破坏性的害虫之一。

图2-3-3-1

防治措施：

1.药物防治。

方法一：喷施万灵1500倍液、10%吡虫啉2000倍液、25%抑太保1500倍液。

方法二：用敌敌畏烟剂熏蒸棚室。

2.人工防治。

方法一：悬挂黄板诱杀。

方法二：张挂镀铝聚酯反光幕或银灰塑料条膜，避蚜防病。

图2-3-3-2

二、棉铃虫

棉铃虫，鳞翅目，夜蛾科，广泛分布在中国及世界各地，中国棉区和蔬菜种植区均有发生。黄河流域棉区、长江流域棉区受害较重。近年来，新疆棉区也时有发生。寄主植物有30多科200余种。棉铃虫是棉花蕾铃期重要钻蛀性害虫，主要蛀食蕾、花、铃，也取食嫩叶。

防治措施：

方法一：安装黑光灯诱杀成虫。

方法二：结果初期用50%杀螟松乳油1000倍液、2.5%溴氰菊酯乳油2000倍液、40%菊杀乳油2000～3000倍液喷雾防治。

三、白粉虱

白粉虱又名小白蛾子，是一种世界性害虫，我国各地均有发生，是大棚内种植作物的重要害虫。寄主范围广，蔬菜中的黄瓜、菜豆、茄子、番茄、辣椒、冬瓜、豆类、莴苣以及白菜、芹菜、大葱、牡丹花等都能受其危害，还能危害花卉、果树、药材、牧草、烟草等植物。

图2-3-3-3

防治措施：

1.药物防治。

方法：扑虱灵2500倍液或吡虫啉喷雾于早间进行喷杀，结合晚上烟熏剂熏棚室，每次持续两天。

2.人工防治。

方法一：悬挂黄色粘虫板诱杀。

方法二：人工释放丽蚜小蜂或草蛉。

四、美洲斑潜蝇

美洲斑潜蝇属双翅目，世界上最为严重和危险的多食性斑潜蝇之一。其成虫体形较小，头部黄色，眼后眶黑色；中胸背板黑色光亮，中胸侧板大部分黄色；足黄色；卵白色，半透明；幼虫蛆状，初孵时半透明，后为鲜橙黄色；蛹椭圆形，橙黄色，长1.3~2.3mm。其对菜豆、黄瓜、番茄、甜菜、辣椒、芹菜等蔬菜作物造成较大危害，一般减产达25%左右，严重的可减产80%，甚至绝收。

图2-3-3-4

防治措施：

1.药物防治。

方法：清洁棚室。在卵孵化高峰期，采用1.8%爱福丁乳油3000~4000倍液，48%乐斯本乳油1000倍液和5%抑太保孔油2000倍液连环喷施，交替用药，每隔7天喷1次。

2.人工防治。

方法一：黄板或天蝇纸诱杀成虫。

方法二：摘除带虫叶片销毁。

五、蓟马

蓟马是昆虫纲缨翅目的统称。幼虫呈白色、黄色或橘色，成虫黄色、棕色或黑色；体微小，体长0.5～2mm，很少超过7mm。其食性复杂，主要有植食性、菌食性和捕食性，其中植食性占一半以上，是重要的经济害虫之一。

图2-3-3-5

防治措施：

方法一：设置蓝色粘板，诱杀成虫。

方法二：25%噻虫嗪水分散粒剂3000～5000倍灌根。

方法三：4.5%高氯乳油1000倍与10%吡虫啉可湿性粉剂1000倍加5%溴虫氰菊酯1000倍混合喷基质。

六、菜青虫

菜青虫是菜粉蝶，别名菜白蝶的幼虫，我国分布最普遍，危害最严重，其嗜食十字花科植物，特别偏食厚叶片的甘蓝、花椰菜、白菜、萝卜等。在缺少十字花科植物时，也可取食其他寄主植物，如菊科、白花菜科、金莲花科、百合科、紫草科、木犀科等植物。

图2-3-3-6

防治措施：

方法一：在产卵盛期后5天左右喷20%杀灭菊酯2000～2500倍液，50%敌敌畏乳油1000～1200倍液，消灭幼虫在3龄以前。

方法二：用20%灭幼脲1号、3号500～1000倍液喷雾防治。

七、红蜘蛛

红蜘蛛，又名棉红蜘蛛，俗称大蜘蛛、大龙、砂龙等，学名叶螨，分布广泛，食性杂，可危害110多种植物。成螨长0.42～0.52mm，体色变化大，一般为红色，梨形，体背两侧各有黑长斑一块。雌成螨深红色，体两侧有黑斑，椭圆形。

图2-3-3-7

防治措施：

方法一：喷40%三氯杀螨醇乳油100～500倍液、20%端死净可湿性粉剂2000倍液或1%阿维菌素乳油5000倍液。

方法二：清除棚室枯枝落叶，摘除病叶，苗床灌水，消灭越冬虫源。

第四节　生理病害

在无土栽培中，每当营养液供给不正常，营养元素缺乏或过多，酸度过高或过低，都会引起植株生理失调，这一节就来讲一讲营养液栽培所表现的生理失调现象及其调控措施。

一、营养元素的缺乏与毒害症状

1.营养元素缺乏的症状

（1）缺氮：植株生长矮化，叶子发黄，大部分是从老叶开始的。番茄缺氮表现为茎叶发黄，叶小而薄，最后根都停止生长，逐渐变褐色而死亡。花芽停止分化，叶面积减少，碳水化合物合成降低，不结实或结少量无味果实，因而降低产量。

图2-3-4-1

（2）缺磷：植株矮化，茎小叶薄，生长初期老叶有花青素积累，果小或不成熟，种子也小或不成熟（图2-3-4-2）。

（3）缺钾：缺钾现象首先出现在老叶，叶缘发黄，逐渐向内扩展，并使叶子卷曲（图2-3-4-3）。

图2-3-4-2

图2-3-4-3

（4）缺钙：植株顶梢黄化，生长不正常并逐渐枯死，新叶扭曲，生长缓慢，根尖枯死变为有黑斑的短粗根（图2-3-4-4）。

（5）缺镁：最初缺镁时为老叶的叶脉间失绿，并逐渐枯死，小叶柄逐渐变成紫色（图2-3-4-5）。

图2-3-4-4

图2-3-4-5

（6）缺硫：植物缺硫的症状一般为全株叶色褪淡，呈浅绿或黄绿色；叶片褪绿均匀，幼叶较老叶明显，叶小而薄，脱落提早；茎生长受阻，株矮、僵直且木栓化（图2-3-4-6）。

（7）缺铁：幼叶叶脉间失绿，初期在最小的叶脉上产生黄绿相间的网纹，从顶叶向老叶发展，并伴随着轻度的组织坏死（图2-3-4-7）。

图2-3-4-6

图2-3-4-7

（8）缺锰：植株先端叶脉间失绿，逐渐发展成为坏死组织而脱落（图2-3-4-8）。

（9）缺硼：根系不发达，生长点坏死，花发育不全，这是植物缺硼的共同特点。芹菜缺硼引起颈部开裂（图2-3-4-9）。

图2-3-4-8

图2-3-4-9

（10）缺锌：节间短，叶子小，叶脉间缺绿（图2-3-4-10）。

（11）缺钼：老叶先退绿，叶肉呈黄色斑，叶尖枯焦，严重时植株死亡（图2-3-4-11）。

图2-3-4-10

图2-3-4-11

2.营养元素的毒害症状

毒害症状主要是指某些元素施用过多，引起植物的代谢失调，或者影响其他元素的吸收所出现的症状。

（1）氮：氮过多则叶片浓绿，叶片较厚，开花结果少。

（2）磷：磷过多没有什么特殊症状。但它会引起氮、钾、锌或铜的缺乏症。

（3）钾：很少发生过量现象，其表现和缺镁的症状相似。

（4）硫：硫过多则叶子小，叶脉间发黄。

（5）钙：钙过多的现象，与缺钾、镁、铁、锰或硼的现象相似。

（6）镁：镁过多则生长不良。

（7）铁：铁过多则叶色黑绿，并会造成锰和锌的缺乏症。

（8）锰：锰过多则叶子叶绿素分布不均匀，并有暗褐色的斑点。

（9）氯：氯过多则叶子边缘似火烧状，坏死，叶生长很小。

（10）硼：硼过多则幼叶变形、黄化，叶尖坏死。

（11）锌：锌过多会抑制锰的吸收，并引起缺铁。

（12）铜：铜过多生长缓慢，并能引起缺铁。

（13）钼：钼过多现象很少发生。番茄钼过多叶子发黄。

二、营养缺乏的诊断

诊断营养缺乏症正确的方法是采用目视和对植株、营养液以及基质的化学分析相结合。目视是非常重要的，但无土栽培过程中经常性的化学分析，也是不可缺少的重要手段。

1.形态诊断

由于不同营养元素的生理功能不同，当农作物体内某种营养元素缺乏或过量时，其外部就会表现某些特征性的症状，因此可通过观察苗相来判断某种营养元素的丰缺状况。但在营养元素轻度、中度缺乏（或过量）时，作物的外部并不都表现出明显可见的失调症状，这时形态诊断不一定能做出正确的判断，所以应在形态诊断的基础上结合其他诊断方法进行判断。同时不良环境条件等，也可能使植株产生异常现象，因此，形态诊断时必须认真分析，应注意与一般的寄生性病害相区别，排除非营养因素。

2.植株化学分析

在形态诊断的基础上，分别取生长异常植株的异常部位的组织（如叶片）及生长正常的植株的组织（与异常植株相同部位），作可能异常的营养成分的化学分析，通过比对确定是哪一种（或哪几种）营养元素不足或过量。

3.基质化学分析

通过基质的化学分析，看是否有某一种或几种养分累积造成中毒症，或影响其他元素的吸收造成缺素症。同时，通过测定基质的pH值，分析其对养分吸收的影响。

4.施肥诊断

通过诊断分析，如对某一种营养元素失调产生怀疑，可拿少数植株作施肥验证，如缺素时，在营养液中将该种营养元素加倍，或叶面喷施该种营养元素，或者营养液调整与叶面喷施同时进行；植株中毒时，在营养液中将该种营养元素减半，观察植株的变化情况，得到正确的结果后，就可以立即对大面积的作物采取同样的措施。

本章知识小结

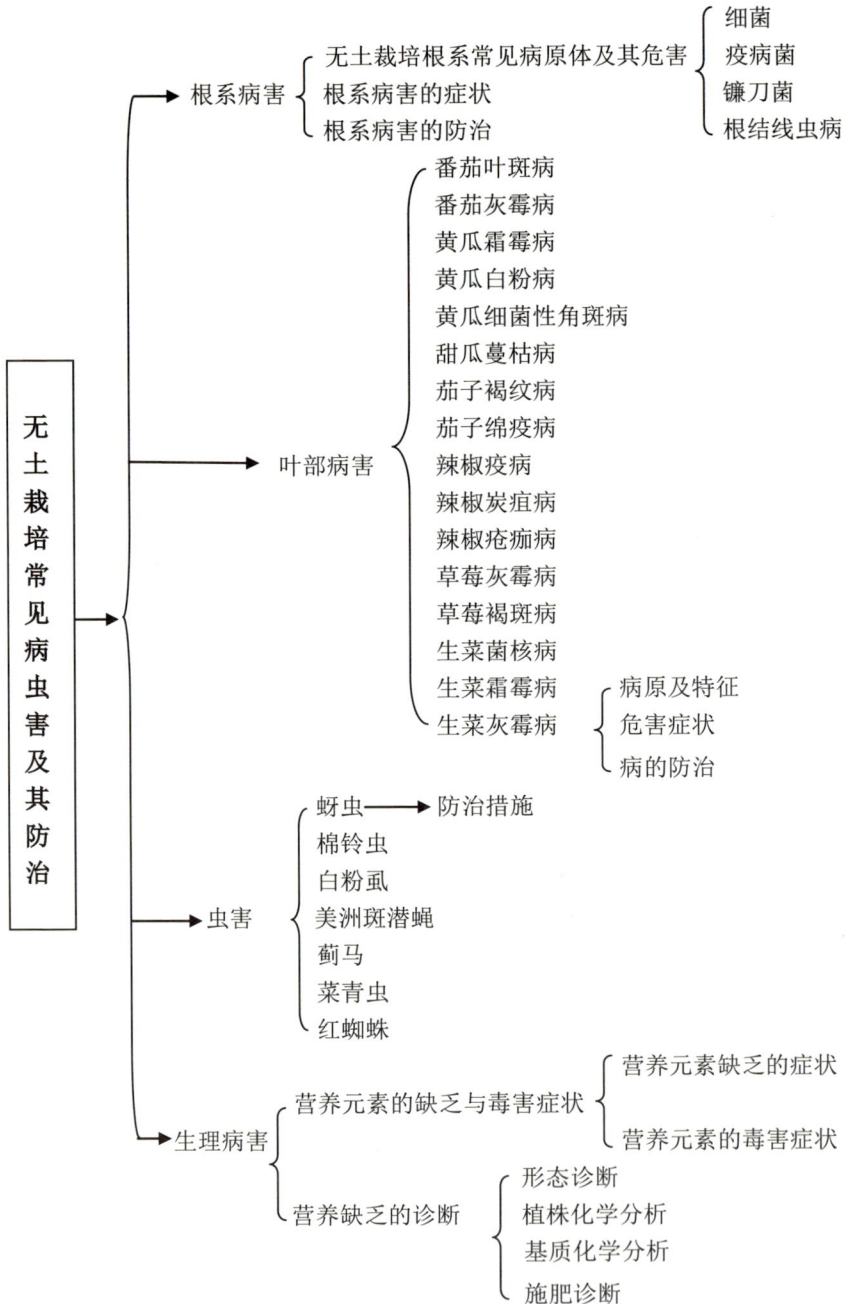

无土栽培常见病虫害及其防治

- 根系病害
  - 无土栽培根系常见病原体及其危害
    - 细菌
    - 疫病菌
    - 镰刀菌
    - 根结线虫病
  - 根系病害的症状
  - 根系病害的防治

- 叶部病害
  - 番茄叶斑病
  - 番茄灰霉病
  - 黄瓜霜霉病
  - 黄瓜白粉病
  - 黄瓜细菌性角斑病
  - 甜瓜蔓枯病
  - 茄子褐纹病
  - 茄子绵疫病
  - 辣椒疫病
  - 辣椒炭疽病
  - 辣椒疮痂病
  - 草莓灰霉病
  - 草莓褐斑病
  - 生菜菌核病
  - 生菜霜霉病
  - 生菜灰霉病
    - 病原及特征
    - 危害症状
    - 病的防治

- 虫害
  - 蚜虫 → 防治措施
  - 棉铃虫
  - 白粉虱
  - 美洲斑潜蝇
  - 蓟马
  - 菜青虫
  - 红蜘蛛

- 生理病害
  - 营养元素的缺乏与毒害症状
    - 营养元素缺乏的症状
    - 营养元素的毒害症状
  - 营养缺乏的诊断
    - 形态诊断
    - 植株化学分析
    - 基质化学分析
    - 施肥诊断

本章实践与思考

（一）实践活动——无土栽培病虫害调查

1.调查前的准备

在正式调查前，需准备相关用品，确定调查的范围与内容，制定出调查方案，并做好组内分工。

2.现场调查

（1）分组调查

学生分组调查本地区无土栽培基地病虫害发生情况，并填写调查表。

组别：　　　　调查时间：　　　　填表人：　　　　组长签字：

序号	病虫害名称	发生地点	受害植物	栽培类型	调查总株数	发病率	危害程度	危害症状	防治方法与效果

（2）组内讨论

以组为单位分析调查数据，确定蔬菜花卉无土栽培常见病虫害种类与发病条件，提出防治方案。

3.注意事项

（1）调查时注意观察要仔细、全面，明确发生时期、危害的主要部位和典型症状。

（2）调查记录详细、完整，结果分析要尊重事实。

（3）防治人为传播病虫害。

（二）思考与探究

1.无土栽培与土壤栽培在环境调控与病虫害防治方法策略上有何异同？

2.靶斑病在山东主要黄瓜产区大面积发生，成为黄瓜主要病害之一。其症状与黄瓜的霜霉病和细菌性角斑病极其相似，生产区按霜霉病和细菌性角斑病用药，防治效果较差，危害损失严重。请你通过查阅相关文献和比较学习，总结出该种病害与霜霉病细菌角斑病症的不同点。

第三篇　实践课程
——无土栽培技术应用

内容概要

⟹ 蔬菜无土栽培实践课程

⟹ 花卉无土栽培实践课程

⟹ 菌类无土栽培实践课程

第一章　蔬菜无土栽培实践课程

第一节　茄果类蔬菜无土栽培实践

> 1.掌握番茄、辣椒槽式基质培的栽培方式及技术。
> 2.掌握茄子袋式基质培的栽培方式及技术。
> 3.对生活中常见蔬菜能够进行基质培的栽培管理。
>
> 学习目标

一、番茄无土栽培

番茄，别称西红柿、洋柿子、番柿等。番茄原产于南美洲安第斯山地带，是一年生或多年生草本植物，现作为食用果蔬已被全球广泛种植。番茄果实营养丰富，含有丰富的胡萝卜素、维生素C和B族维生素。目前，番茄已经成为最具代表性的无土栽培植物，主要原因是番茄易于栽培，无土栽培面积最大，可比土壤种植的产量高几倍甚至十几倍，且无土栽培较有土栽培更易于提高番茄品质。

图3-1-1-1

【过程与实施】

1.品种选择

番茄是对光照强度要求较高的植物，在市面上番茄的品种种类繁多。我国主要栽培的品种有毛粉802、渝抗4号、秦粉二号等，且不断有新品种出现在市场上，给种植者提供了选择空间。通常情况下，无土栽培番茄时应选择具有无限生长习性，生长期长达10个月，主茎长度可超过10cm的栽培类型，并且应选择适于温室栽培，能抗烟草花叶病、叶霉病和茎腐病的番茄品种。

2.播种育苗

（1）育苗容器。选用50穴的育苗盘（50cm×20cm）和营养钵作为育苗容器。

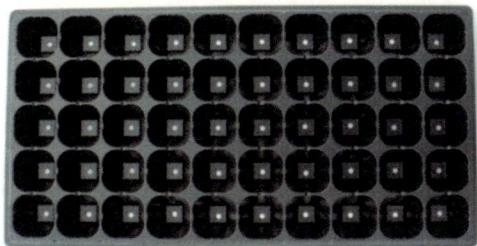

图3-1-1-2

（2）种子处理。播种前，先要对种子进行预处理。首先将种子浸泡在浓度极低的小苏打水溶液中30分钟，这样可以消除种子表面的细菌，减少病虫害的发生。番茄种子经过浸种消毒后，用清水清洗干净，然后均匀地平铺在干净湿润的纱布上，包好，放入恒温箱内。恒温箱内温度应保持在25℃～30℃，以确保催芽过程中的湿润性及透气性。大多数种子在播种2～3天后可以发芽，有的需要4天，随发芽随播种。

（3）基质装盘。育苗基质可以使用草炭∶蛭石=1∶1的混合基质。由于干基质吸水困难，使用前应先给基质喷水，使基质充分吸收水分，并装满穴盘以便播种使用。

（4）播种。在2/3番茄种子露白后即可播种。先将装满基质的穴盘用手指压孔，再用镊子夹取种子放置在穴盘中，播深0.8cm，每穴1粒，并用少量基质覆盖种子0.5cm厚。

图3-1-1-3

图3-1-1-4

小提示

播种后，保持较高的温度、湿度有利于出苗。出苗后白天温度应控制在20℃～25℃，夜间温度应控制在10℃～15℃。

3.定植

（1）基质准备。将番茄苗从育苗盘取出后，种植在栽培槽中。栽培槽中的基质选择较为广泛，可选用麦秸：锯末：炉渣=5：3：2、草炭：蛭石=1：1等基质配比。

（2）定植。当番茄苗生长到4～5片真叶时，即可定植。番茄移栽时，直接将小苗从育苗穴盘中取出，定植到种植槽里。定植后应及时浇营养液，以促进根系发育。

小提示

番茄定植后，缓苗期间温度应保持在30℃左右，不可高于35℃。缓苗后昼夜温度应控制在25℃～30℃左右。当番茄进入结果期时，白天温度应保持在22℃～28℃，夜间温度应保持在18℃～22℃。温度过高会导致番茄结果时出现畸形果。在番茄生长期间基质湿度以70～80%为宜，空气相对湿度应保持在50～60%。此外，番茄对光照强度要求不高，每天光照时间保持在14～16小时为好。

图3-1-1-5　　　　　　　　　　　　　　　图3-1-1-6

4.营养液管理

一般在播种后第7天可以开始浇灌营养液，以日本山崎番茄营养液为例，将营养液以1：1的比例兑水稀释后进行喷洒，每次以喷透基质为准。

番茄植株定植后，每天每株需浇300～400mL营养液。植株长大以后，视植株大小而定，最多每天每株浇1.5L营养液即可。

表3-1-1-1 日本山崎番茄营养液配方

化合物名称	化合物（元素）浓度/（mg/L）
硝酸钙[Ca（NO$_3$）$_2$·4H$_2$O]	354
硝酸钾（KNO$_3$）	404
磷酸二氢铵（NH$_4$H$_2$PO$_4$）	77
硫酸镁（MgSO$_4$·7H$_2$O）	246
乙二胺四乙酸二钠铁（EDTA-Na$_2$Fe）	25
硼酸（H$_3$BO$_3$）	2.13
硫酸锰（MnSO$_4$·4H$_2$O）	2.86
硫酸锌（ZnSO$_4$·7H$_2$O）	0.22
硫酸铜（CuSO$_4$·5H$_2$O）	0.08
钼酸铵[（NH$_4$）$_6$Mo$_7$O$_{24}$·4H$_2$O]	0.02

5.植株调整

（1）吊秧。当植株长到30cm高的时候，就可以开始吊秧了。方法是将绳子上端挂在温室的铁丝上，下端系在番茄植株基部的茎上，让植株向上生长。

图3-1-1-7

图3-1-1-8

（2）整枝。番茄植株整枝一般采用单干整枝。方法是在温室下按植株种植行位拉一道铁丝，用绳子系在番茄植株的基部，另一端系在铁丝上。随着植株的生长，可将上部多余的绳逐步下放，基部的秧放在地上。当植株继续生长时，可以再往下放秧，植株最长可以长到8~10m。这种方式是为了保证植株透光通风良好，减少病虫伤害。

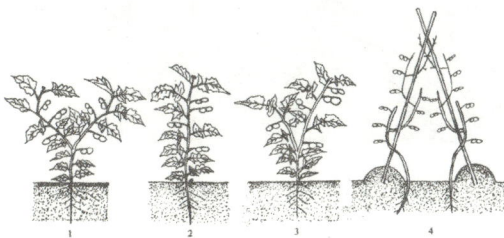

图3-1-1-9

图3-1-1-10

（3）打杈。当植株长到一定高度时，侧枝开始长出，为了防止侧枝长粗长长，争夺养分，除主干以外，所有萌发出的侧枝应及时摘除，避免消耗营养。

（4）疏花疏果。每个番茄品种的生长情况和结果数量都有限度，结果过多，果实发育易受到影响，因此需要适当疏。一般番茄植株第一穗留4个果实即可，大果型品种一般第一穗保留3个果。番茄一般不用疏花，但第一朵花容易形成畸形果，需要及早发现并除掉，以免消耗养分，影响其他花朵果实生长发育。

（5）摘叶。合理摘叶可以减少养分的损耗，对于已经失去光合作用，变黄萎缩的老叶应及时摘除。对于已经结果的果穗下方的叶片，也应该摘除，以加速植株之间的空气流通，促进果实成熟。

（6）掐尖。掐尖是为了有效地抑制植株疯长，加速侧枝萌发，提高结果率。掐尖时，需要将植株生长点摘掉，使它停止继续向上生长。掐尖后仍要留1~2片叶子，以进行光合作用。

（7）保花保果。番茄属于自花授粉的作物，果实的发育主要依靠生长素。番茄的生长素主要由花粉带入，受精以后主要靠正在发育的种子分泌生长素。种子成熟后不再分泌生长素，果实也就停止长大。因此，授粉、受精是果实发育的重要条件。授粉的方式有很多，主要有激素处理、机械授粉（如震荡授粉）和昆虫辅助授粉等方式。

图3-1-1-11

图3-1-1-12

6.病虫害防治

番茄主要病害有病毒病、灰霉病、早疫病、晚疫病、叶霉病等。主要虫害有白虱、蚜虫等。这些病虫害严重时会影响番茄生长，导致番茄减产。病虫防治需要做好各个环节的管理工作，若出现病虫害，应及时对症下药予以控制。

7.采收

番茄果实成熟过程可分为4个时期：绿熟期、转色期、成熟期及晚熟期。市场中的鲜果采收时间一般是在番茄转色期，即果实顶部开始变为橙黄色。番茄从坐果到果实成熟，一般需要5~7周。当番茄变色时及时采收，有利于提高番茄的产量和产值。

图3-1-1-13

二、辣椒无土栽培

图3-1-2-1

辣椒是茄科辣椒属植物，又叫菜椒、海椒等。辣椒原产于中南美洲，多为一年或多年生的草本植物，是我们餐桌上很常见的食物之一。辣椒株高为40~80㎝，茎直立，分枝方式为双枝或三枝状，叶为单叶互生。辣椒的果实一般呈圆锥形或长圆形，含有丰富的维生素，尤其是维生素C的含量很高，辣椒还含有较多的抗氧化物质，可预防癌症及其他慢性疾病。

【过程与实施】

1.品种选择

辣椒无土栽培品种应选择抗病、丰产、品质好且耐低温弱光的品种，如赤峰牛角椒、陇椒2号、苏椒5号、辣优1号等。

2.播种育苗

（1）育苗容器。育苗容器可选用72孔或128孔的育苗穴盘。

（2）种子处理。

①浸种：辣椒种子发芽较慢，通常需要采用温汤浸种，催芽后进行播种。先用温水将种子浸泡15分钟后，把种子捞出，放在55℃左右的温水中不断搅拌，当水温低于55℃时，补充热水继续搅拌，15分钟后搅拌至30℃左右，继续浸种5~6小时，捞出催芽。

图3-1-1-14

图3-1-1-15

②催芽：将种子晒干表面水分，放置在干净、湿润的纱布里包好，盛于塑料容器内，盖上一层湿布，放置于28℃～30℃的温度下催芽。催芽过程中每天早晚需要清洗一次种子，使种子透气、受热均匀。经过4～5天，当2/3种子露白时，即可进行播种。

（3）基质装盘。适合辣椒用的育苗基质主要有蛭石：草炭=1：2、菇渣：草炭：蛭石=1：1：1等按比例混合的基质。

（4）播种。待辣椒种子露白后，将种子点播于育苗盘中，每穴1粒种子，播种后覆盖一层0.5～1cm厚的育苗基质。为了更好地保持基质的湿度，播种后在离基质3～5cm处覆盖一层保温膜，使基质温度保持在18℃～25℃即可。辣椒种子发芽时不太需要光照，可在播种时进行适当地遮阳。

图3-1-1-16　　　　　　　　图3-1-1-17

小提示

播种后，基质温度保持在28℃～30℃，有利于出苗。当60%的种子出苗后，保持白天温度在25℃～28℃，夜间温度控制在15℃～18℃。辣椒在整个生长期间湿度最好保持在50～70%。

图3-1-1-18　　　　　　　　图3-1-1-19

3.定植

（1）基质准备。选择草炭：菇渣：炉渣=1：1：1混合基质。菇渣在混合前必须进行高温消毒。

（2）定植。当辣椒苗长出5～7片真叶后，就可以开始定植了。定植前一天将基质和秧苗浇透水。定植时每槽种植两行，同行株距27～30cm左右，保持植株基部距栽培槽10cm，边定植边浇水，定植2天后铺薄膜。

小提示

辣椒植株定植后要保持较高温度，促进缓苗。定植后白天温度控制在25℃~28℃左右，最高温度不能超过30℃。夜间温度控制在15℃以上。辣椒植株对光照长短和光照强度要求不严格，只要温度适宜即可。

4.营养液管理

辣椒栽培所需营养液可选择日本山崎辣椒营养液配方。植株定植后，就可以开始用营养液滴灌。每株一个滴头，定植前视植株大小情况，每天浇营养液300~400mL。定植后5~7天内适当减少营养液的浇施次数，缓苗后每天营养液循环3次浇施。随着植株生长，逐渐增加营养液浇灌次数，并适当提高营养液的浓度。

表3-1-1-2　日本山崎辣椒营养液配方

化合物名称	用量（g/L）
硝酸钙[Ca（NO$_3$）$_2$·4H$_2$O]	354
硝酸钾（KNO$_3$）	607
磷酸二氢铵（NH$_4$H$_2$PO$_4$）	96
硫酸镁（MgSO$_4$·7H$_2$O）	185

5.植株调整

（1）吊蔓。辣椒吊蔓是为了防止枝条折断，从而增加产量，提高品质。辣椒吊蔓的方法是用铁丝做成可以绕吊绳的双钩状吊绳架，钩在温室下弦杆上。塑料绳的一端系在吊绳架上，下端系在辣椒植株基部，定时将绳绕在植株上。当植株长到一定高度时，可将上部多余的绳子逐步下放，使植株基部平卧在基质上。

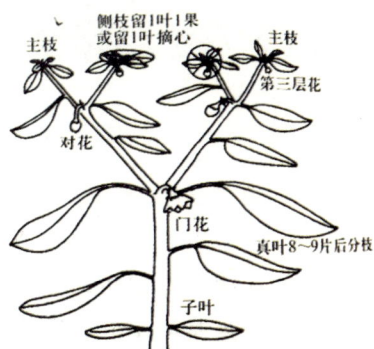

图3-1-1-20　双干整枝法

（2）整枝。温室内无土栽培辣椒需要进行植株调整，生产上普遍应用"V"形整枝方法，即双干整枝法。当辣椒长出8~10片真叶，产生3~5个分枝时开始整枝。除去主茎上所有侧芽和花芽，选择两个对称且健壮的分枝，作为以后的两个主枝，其余分枝打掉，以后均按此方法进行整枝。

（3）打杈。个别主枝在结果后变细变弱，失去结果能力，应在摘除果实的同时将该枝摘除。在植株生长中后期，把重叠枝、拥挤枝剪除一部分，使枝条疏密得当。

（4）疏花疏果。辣椒植株主茎上的第一朵花必须摘除，以促进植株的营养成长。

（5）摘叶。当果实达到成熟时，第一杈下部的黄叶应及时打掉，不仅可以减少消耗，也可增加通风透光，促进开花结果。

（6）保花保果。辣椒植株在生长过程中，第一次留4～6个果，多余和不正常的花果要及时疏掉。如果主枝坐果太少，可另外在侧枝条上留一个果和3～4片叶子。

6.病虫害防治

辣椒的病害主要有病毒病、青枯病、疫病、枯萎病等。辣椒的主要虫害有烟青虫、白粉虱、茶黄螨、茄无网蚜等。病虫害防治需要做好各个环节的管理工作，若出现病虫害，应及时对症下药予以控制。

图3-1-1-21

7.采收

辣椒是一种生长重叠明显的作物，会在开花之后进入长达数月的收获期，应适当进行采收，有利于提高产量和品种。当果实充分膨大，颜色改变，如变为黄色、红色等，果实光洁发亮时即可采收。

三、茄子无土栽培

茄子为茄科属植物，别称矮瓜、白茄等，原产于印度东部地区。在茄果类蔬菜中，茄子的耐热性和耐涝性最强，易在高温季节生长。茄子颜色多为紫色、紫黑色、淡绿色或白色，形状上也有圆形、椭圆形、梨性等形状。无土栽培的茄子外观富有光泽，产量也比土壤栽培产量高，利用温室可以进行长季节栽培。本次课程主要介绍茄子的袋式无土栽培技术。

图3-1-1-22

【过程与实施】

1.品种选择

茄子主要有圆茄型、长茄型、矮茄型三个品种类型。长茄品种有苏长条茄、紫线茄、杭州红茄等，圆茄品种有北京六叶茄、北京七叶茄等。

2.茄子袋式栽培

（1）基质准备。可选择以下配方之一，①草炭：蛭石=（2~3）：1。②草炭：蛭石：珍珠岩=1：1：1。③草炭：蛭石：菇渣=1：1：1。

（2）消毒装袋。将所选基质充分浸湿后，混合均匀，并在上面覆盖耐高温膜，进行发酵以达到消毒灭菌的目的。当基质无异味时，表示已经发酵完成。将处理过的基质装入直径30cm，长60cm的不透光的专用无公害蔬菜生产塑料包装袋内，并将栽培袋按照种植密度呈南向北排列放入温室中。

（3）设置排水沟。将两列栽培袋之间留出15cm间隔作为排水沟。

3.播种育苗

（1）育苗容器。选用50孔或72孔育苗穴盘。

（2）种子处理。

①浸种：将茄子种子摊开放置在阳光下晾晒3天，然后将种子放入55℃温水中浸种15分钟，浸种期间不断搅拌。当水温降至25℃左右时将水倒掉，再换上25℃温水浸泡5小时左右。

②催芽：在浸种过程完成后，取出种子，包在湿纱布中，放置于30℃恒温条件下进行催芽，也可选择在催芽前使用多菌灵500倍液浸种消毒30分钟，洗净药液后再催芽。这样可以有效防止茄子黄萎病、枯萎病等病害的发生。当种子露白后即可播种。

（3）基质装盘。育苗基质可以选用草炭，将草炭装入穴盘中，浇水湿润。

（4）播种。将处理过的茄子种子进行播种，每个穴盘孔放入1粒种子，最后用草炭土覆盖压实，以保证种子与基质紧密结合，并放置于遮阴处。

图3-1-1-23　　　　图3-1-1-24　　　　图3-1-1-25

4.定植

定植前15天，温室内用75%百菌清与锯末混合，点燃并烟熏24小时进行消毒处理。将栽培袋内基质泡透，在栽培袋下方距离地面10cm、两端8cm内侧分别割一条长5cm的口，以便多余的水分能够流出。

用锋利的刀片在栽培袋腹部中间的位置割出长10cm的十字形切口，取出少量的基质后将幼苗移栽到切口基质中。打开滴灌系统进行浇水，确保幼苗成活。

图3-1-1-26

小提示

定植后2天内应在幼苗上方铺盖遮盖物进行遮阴，否则会降低幼苗成活率。定植10天后，白天室内温度应控制在25℃～28℃，夜间温度应控制在15℃～17℃。当茄子进入旺盛生长阶段，白天室内温度应保持在27℃左右，加强通风；茄子植株结果期间要保持高温，应控制在28℃～30℃。

茄子喜光，栽培中应保持充足的光照，结果时期可使用补光系统，促进产量的提高。

5.植株调整

（1）整枝打杈。茄子采用两杈整枝法，当茄子坐果后，剪去两个向外的侧枝，保留两个向上的双干，以后所有侧枝都要打掉。

（2）摘叶。茄子在缓苗以后，开始摘下枯黄的叶子和贴近地面的老叶。随着植株的生长，果实膨大时，每个果实只留下2片叶子，其余老叶全部打掉。

（3）保花保果。在茄子植株开花前后2天内，用激素进行保花保果，注意可将激素溶液涂抹在花柄上端，但不要沾到茎叶生长点上。最佳用激素进行保花保果的时期为花苞刚刚开放时。

6.营养液管理

采用滴灌系统进行水循环式营养液供应。定植初期，隔1天浇1次水，每次8～10分钟。15天后延长到每次15～20分钟。此时，开始结合营养液进行追肥，每隔10天追施稀薄营养液肥1次，且每隔几次要浇1次清水。作为营养液肥，浓度不宜太高，根据植株生长情况随时进行水分和养分的调节与补充。

表3-1-1-3 日本山崎茄子营养液配方

化合物名称	用量（g/L）	化合物名称	用量（g/L）
硝酸钙[Ca（NO_3）$_2$·$4H_2O$]	354	硼酸（H_3BO_3）	2.86
硫酸钾（K_2SO_4）	708	硼砂（$Na_2B_4O_7$·$10H_2O$）	4.5
磷酸二氢铵（$NH_4H_2PO_4$）	115	硫酸锰（$MnSO_4$·$4H_2O$）	2.13
硫酸镁（$MgSO_4$·$7H_2O$）	246	硫酸锌（$ZnSO_4$·$7H_2O$）	0.22
螯合铁（Na_2Fe-EDTA）	20~40	硫酸铜（$CuSO_4$·$5H_2O$）	0.05
硫酸亚铁（$FeSO_4$·$7H_2O$）	15	钼酸铵[（NH_4）$_6Mo_7O_{24}$·$4H_2O$]	0.02

7.病虫害防治

茄子病虫害主要有绵疫病、黄萎病、白粉病、红蜘蛛、蚜虫等。病虫害防治需要做好各个环节的管理工作，若出现病虫害，应及时对症下药予以控制。

 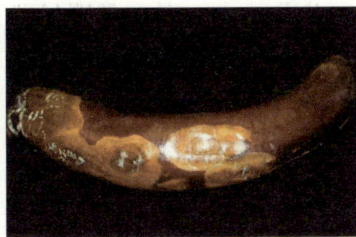

图3-1-1-27   图3-1-1-28

8.采收

当萼片与果实相连处的白色环状带不明显时，即可采收。一般从开花到采收需要18~22天。

图3-1-1-29

第二节 瓜类蔬菜无土栽培实践

1.掌握西瓜岩棉培育苗及基质槽培的栽培方式及技术。
2.掌握黄瓜岩棉培育苗和液培的栽培方式及技术。
3.对生活中常见瓜果类蔬菜水果能够进行基质培和液培的栽培管理。

学习目标

一、西瓜无土栽培

西瓜属于葫芦科西瓜属一年生蔓生草本植物。西瓜果肉味甜，营养丰富，为夏季消暑佳品。西瓜原产于非洲，我国是西瓜种植面积和消费量最大的国家。无土栽培出来的西瓜品质更好，近年来也越来越多地受到人们重视。

图3-1-2-1

【过程与实施】

1.品种选择

西瓜属于耐高温不耐低温的作物，无土栽培的西瓜，以生产小果型和中果型西瓜为主，应选择耐低温弱光、抗病性强、生育期短的品种。常见小果型西瓜品种有黑美人、红小玉等，常见中果型西瓜品种有早佳8424、京欣1号等。

图3-1-2-2

2.播种育苗

（1）种子处理。

①晒种：将精选后的种子放在簸箕、草席上，在阳光下晒2~3天，每天中午前后晒3~4小时即可，每隔1~2小时翻动一次，使种子晒得均匀。

②烫种：将干燥过后的西瓜种子，放置在70℃~75℃热水里，水量不超过种子的5倍。烫种时需要两个容器，将热水来回倾倒。最初倾倒时要快和猛，一直来回倾倒至水温降至55℃时，再改为不断搅动，保持在55℃水温7~8分钟后，水温降至室温时就可以进行浸种工作。

③浸种：通过药剂浸种的方式对种子进行消毒处理。可以选择用多菌灵浸种法，用50%可湿性多菌灵粉剂配成500倍的药液，然后将种子放入其中浸泡1小时，取出冲洗干净，浸种催芽。

④催芽：将消毒处理后的少量种子放在湿布中包好，放置在空盆即可，在28℃～30℃的温度下进行催芽。注意每天需要用清水淘洗种子1～2次。在适宜的温度、湿度、透气条件下，经过2～3天后种子基本就能够萌发。

图3-1-2-3　　　　　　　　　　图3-1-2-4

（2）播种。选用岩棉块作为基质育苗，需先将已发芽的种子平放在预先设定好的位置，用相应的小块盖上。室温应保持在30℃～35℃之间，经过7～8天后，幼芽长出。

当幼芽长到2叶1心时，中午需要通风，保持室温在25℃～30℃。育苗期间浇水次数要增多，移苗前一周要进行炼苗。

（3）炼苗。将西瓜幼苗置于4℃～5℃温度下12～18个小时，之后置于18℃～22℃温度12～16个时。如此锻炼2～4天称之为炼苗。低温锻炼可以提高幼苗抗寒能力，加快发育速度。

3.定植

西瓜定植一般采用槽式基质栽培技术，栽培槽宽40㎝，深15㎝，长度20m左右，栽培槽下面铺0.1㎜的黑色地膜。每隔30㎝处将槽底薄膜扎出一个直径1㎝左右的渗水口，防止积水。

（1）基质准备。选择腐熟的猪

图3-1-2-5

粪或鸡粪：食用菌渣：谷壳灰：细媒渣=2：4：3：1，每立方米基质加5kg三元复合肥，充分混合后填平栽培

图3-1-2-6

槽，基质上铺塑料滴管软管。

（2）定植。定植移栽时，每基质槽可种植两行。将瓜苗植入栽培槽中，使苗坨与基质面保持相平。定植后连续滴水3小时，使基质充分湿润，利于瓜苗成活，移栽后闷棚23天。

小提示

定植后，温室内白天温度需保持在25℃～30℃。西瓜授粉期间白天温度应保持在25℃～28℃左右。果实膨大时期，白天温度可增至28℃～32℃。定植后湿度应保持在70%以下。果实膨大时期，保持基质湿度在70%为宜，空气相对湿度应控制在50%左右。西瓜对光照要求严格，必要时需要采取补光措施。

4.植株调整

（1）吊蔓。无土栽培西瓜一般采用吊绳引蔓的形式让枝条向上生长，通过这种方式可以使西瓜着色均匀，不容易受损，避免西瓜表面部分颜色深浅的问题，可以大大提高西瓜的质量。

（2）整枝。西瓜一般采用双蔓整枝法，即每株保留2条蔓。具体方法是保留主蔓的同时，在植株茎基部的第3～4个节位保留1条侧蔓让它生长，其他的侧蔓全部打掉。

图3-1-2-7

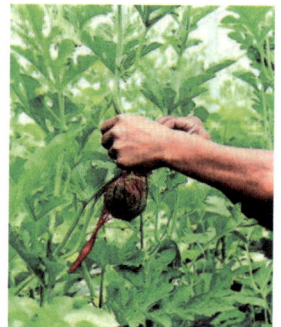

单蔓整枝　　双蔓整枝　　三蔓整枝

图3-1-2-8

（3）摘心：西瓜迅速膨大时需要"摘心"，摘心和整枝要同时进行，防止西瓜植株疯长，控制株型。

（4）人工授粉。西瓜是虫媒异花授粉作物。在温室内由于没有昆虫，应及时进行人工授粉。授粉时将开放并且散粉的雄花采下，然后将雄花的雄蕊对准雌花的柱头轻轻一蘸，直到可以看到雌花柱头上有明显的黄色花粉即可。一般一朵雄花可给2～3朵雌花授粉。

（5）疏瓜。为了减少畸形果的发生，保证成品一致，当小瓜长到有

图3-1-2-9

鸡蛋大小的时候就要进行疏瓜的工作。疏瓜时应选择瓜形端正的小瓜，摘除坐瓜位置过高或过低的小瓜、畸形或带病的小瓜。一般每一株留1~2个瓜。

（6）吊瓜。由于无土栽培西瓜的瓜蔓是采取吊绳引蔓的方法，瓜较大后容易引起植株下坠，过重而影响枝条折断，损伤果实。因此，要在果实约0.5kg重时进行吊瓜。吊瓜时可采用有孔的塑料网袋兜住小瓜，将网袋用绳子吊在温室内上方的铁丝上。

图3-1-2-10

5.营养液管理

基质栽培水分供给常常采用滴管系统进行，灌溉量根据植株状况灵活掌握。从定植缓苗后到伸蔓前一般2天浇1次水，每次0.75L/株。开花后7~10天每天浇水1~2次，总灌水量为每株每天1L左右为宜。在刚定植西瓜幼苗时，要用0.5个剂量的营养液加入基质中以保证前期植株生长的需要。然后，每隔1~2天供应1次0.5个剂量的营养液。植株坐果后可连续供应0.5个剂量的营养液3~4天后供应清水1~2天，直至果实成熟收获前大约1周时才使用滴水灌溉。

基质栽培西瓜每株需要消耗90L左右1个剂量的营养液，这些营养液需要在整个西瓜生长期中全部施完。一般在西瓜生长前期营养液浓度可稍低，开花坐果之后营养液浓度应提高，具体施多少也应根据植株生长情况而定。

表3-1-2-1　山东农业大学西瓜营养液配方

试剂	浓度（mg/L）	试剂	浓度（mg/L）
硝酸钙[Ca（NO$_3$）$_2$·4H$_2$O]	1000	硼酸（H$_3$BO$_3$）	2.86
硝酸钾（KNO$_3$）	300	硫酸锰（MnSO$_4$·4H$_2$O）	2.13
磷酸二氢钾（KH$_2$PO$_4$）	250	硫酸锌（ZnSO$_4$·7H$_2$O）	0.22
硫酸钾（K$_2$SO$_4$）	250	硫酸铜（CuSO$_4$·5H$_2$O）	0.08
硫酸镁（MgSO$_4$·7H$_2$O）	250	钼酸铵[（NH$_4$）$_6$Mo$_7$O$_{24}$·4H$_2$O]	0.02
螯合铁（Na$_2$Fe-EDTA）	30		

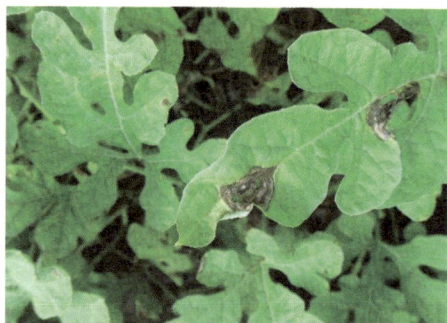

图3-1-2-11

6.病虫害防治

西瓜育苗期间虫害较少，病害主要有猝倒病、疫病和炭疽病。防止病害发生的主要措施是西瓜植株出苗后，温室内相对湿度要保持在70%以下。西瓜定植后主要病害有枯萎病、白粉病、病毒病和炭疽病等；主要虫害有蚜虫、斑潜蝇、红蜘蛛、蛴螬等。可采用多菌灵600倍液和甲基托布津700倍液混合喷雾，7～10天左右喷1次药。

7.采收

判断果实成熟的方法：一是雌花开花后的天数，早熟品种28～30天左右，中熟品种32～35天，晚熟品种35天以上，小果型品种25～30天。二是观察果柄茸毛处，当果柄茸毛稀疏脱落时为成熟果，但因植株长势不同而有所差

图3-1-2-12

别。三是西瓜果实表面纹理清晰，果皮光滑，果脐向内凹陷。四是以手托瓜，拍打发出浊音为熟瓜，发出清脆音为未熟瓜。

8.拉秧和设施消毒

果实采收后应及时拉秧。先将植株根系拔出基质或栽培槽，及时运出销毁防止病虫害传播。拉秧后将基质进行翻晒消毒，为下一次种植做好准备。

二、黄瓜无土栽培

黄瓜为葫芦科一年生草本植物。黄瓜又名胡瓜、王瓜等，现为我国无土栽培蔬菜主要品种之一。无土栽培黄瓜的主要特点是生长速度快，收获期早而集中，果实品种好。黄瓜在瓜类中属于浅根系植物。在无土栽培中黄瓜的根系长势远较于土壤的旺盛，吸收能力较强。

图3-1-2-13

【过程与实施】

1.品种选择

选择抗病、高产、品质良好的品种。目前，我国黄瓜无土栽培品种主要有中农5号、中农19号、中农21号等，以及从国外引进的无土栽培品种，主要来自荷兰、日本、以色列等国家。

2.播种育苗

（1）种子处理。

①浸种：黄瓜一般采用温汤浸种的方法，首先将黄瓜种子用55℃温水浸泡20分钟，再用清水浸泡6小时，捞出后催芽即可。

②催芽：将浸泡过的黄瓜种子冲洗3次，用湿纱布包好，放在25℃～30℃恒温箱中催芽，每天早晚各用清水投洗1次，24～36小时后即可出芽。

（2）播种。选用岩棉块作为基质育苗，先将岩棉块紧密铺在育苗床上并用水浇透，将种子采用点播法播种在岩棉块中央孔穴中，每穴1粒，胚根向下，再在孔穴上覆盖一层约1㎝厚的蛭石，并喷洒少量水使蛭石湿润。

（3）育苗。黄瓜种子出苗后，可用1/2剂量山崎黄瓜配方营养液浇灌，加强温光管理，降低湿度，防止湿度过大引起猝倒病、立枯病。

3.定植

黄瓜移栽定植时幼苗不易过大，一般2叶1心长成时即可定植。采用营养液栽培法，一般实行双行栽培，每株行距分别为25～30㎝和65～75㎝。

小提示

黄瓜为喜温作物，幼苗期和初花期白天温度应控制在25℃～30℃，夜间温度应控制在15℃～18℃；结果期白天适宜温度为25℃～29℃，夜间温度应控制在18℃～21℃。

黄瓜对光照强度要求较高，增加光照强度可提高光合作用，弱光不

图3-1-2-14

利于植株生长发育，容易影响开花结果，出现畸形瓜。在一定的温度、湿度、光照条件下，增加CO_2浓度可提高黄瓜品质和产量，提高植株抗病性。

4.植株调整

（1）吊蔓。黄瓜植株调整一般采用绳子吊蔓方法进行，在温室下弦杆上按种植行位拉两道10号铁丝，每行植株基部用吊绳挂在铁丝上。

（2）整枝。黄瓜整枝一般采用单蔓整枝，当植株长出7~8片叶子后，要及时把植株绕在吊绳上，一般2~3天一次。

（3）打杈。黄瓜生长分枝能力强，生长过程中要及时打杈。

（4）疏花疏果。主蔓第4节以下的雌花全部摘掉。黄瓜植株主茎上第1~4节位不留瓜，剩下节位每一节位留1~2条瓜，并且去除多余和不正常的花、果。

（5）摘叶。当黄瓜植株生长到45天左右，必须及时打掉老叶病叶，利于通风透光和减少病虫害发生。

5.营养液管理

液培黄瓜需要依靠营养液、矿质营养和水分供应生长。黄瓜植株开花前营养液应控制在较低浓度，EC约为1.4 mS/cm；开花后EC应控制在2.0mS/cm左右；果实膨大时期EC应控制在2.56mS/cm左右。在黄瓜收获期应适当增加磷、钾元素的供应量，同时注意补充硼元素。黄瓜对营养液酸碱度要求为pH5.6~6.2。黄瓜水分需要量一般控制在每株每天1~2.5L，白天营养液供给应控制在6~8次，夜间供液1~2次。

表3-1-2-2　日本山崎黄瓜营养液配方

化合物名称	浓度（mg/L）	化合物名称	浓度（mg/L）
硝酸钙Ca（NO_3）$_2$·$4H_2O$	826	硼酸（H_3BO_3）	2.13
硝酸钾（KNO_3）	607	硫酸锰（$MnSO_4$·$4H_2O$）	2.86
磷酸二氢铵（$NH_4H_2PO_4$）	115	硫酸锌（$ZnSO_4$·$7H_2O$）	0.22
硫酸镁（$MgSO_4$·$7H_2O$）	483	硫酸铜（$CuSO_4$·$5H_2O$）	0.08
螯合铁（$Na_2Fe-EDTA$）	25	钼酸铵[（NH_4）$_6Mo_7O_{24}$·$4H_2O$]	0.02

6.病虫害防治

当发现黄瓜植株发生病害时，应及时清除，防止植株之间交叉感染。当有病虫害发生时，可采用克螨特、蚜虱净、斑潜灵等药剂防治，也可用杀虫素防治。

7.采收

当黄瓜果实长到18～20cm左右就可以开始采收，也可以在黄瓜花凋谢、单瓜重80g左右采收。每天可采收1～2次，在果实与茎部连接处用手掐断或用剪刀、小刀割断瓜柄，果实的果柄必须保留1cm以上。

图3-1-2-15

第三节　叶菜类蔬菜无土栽培实践

1.掌握生菜液培栽培方式及技术。

2.掌握紫背天葵深液流无土栽培方式及技术。

3.对生活中常见叶菜类蔬菜水果能够进行水培和深液流无土栽培管理。

学习目标

一、生菜无土栽培

生菜是叶用莴苣的俗称，生菜属于菊科莴苣属莴苣种中的叶用莴苣变种，属一、二年生草本植物。生菜是一种很常见的食用蔬菜，也是世界各国广泛栽培和食用的大众叶类蔬菜。生菜喜冷凉气候，比较耐寒，不耐高温，生菜是无土栽培四大类蔬菜之一。

图3-1-3-1

【过程与实施】

1.品种选择

无土栽培常用的生菜品种有皇帝、凯撒、奥林匹亚等。无土栽培生菜宜选用早熟、耐热、抽薹晚、结球性好的品种。

2.播种育苗

（1）育苗盘选择：一般采用128孔或288孔穴盘。

（2）种子处理。

　　①浸种：用20℃～30℃清水浸种4～5小时，搓洗沥干后准备催芽。

　　②催芽：将浸过水的种子放置于15℃～20℃温度下进行2～3天催芽。催芽过程中，每天用清水洗2次。

　　（3）播种。将发芽的种子直接播入穴盘中，每穴1粒种子，播种深度不宜超过0.5㎝，播种后不宜覆盖基质过厚。育苗基质可选用草炭：蛭石=2：1或者草炭：蛭石：珍珠岩=1：1：1比例的混合基质。出苗后，根据苗情浇灌1/4～1/2个剂量的日本山崎莴苣营养液。

　　小提示

　　苗期白天温度控制在18℃～20℃，夜间8℃～10℃。

　　3.定植

　　生菜苗龄到30～60天时，幼苗长出3～4片真叶时，就可以选择健壮无病的植株进行定植。将植株幼苗的根部残留基质洗净，插入浸入营养液的定植杯里，行株距离为20㎝×20㎝，由于水培栽培孔是固定的，因此每孔可种植2株。

　　小提示

图3-1-3-2

　　生菜喜冷凉气候，生长适宜温度为15℃～20℃。白天气温应保持在18℃～20℃，超过25℃应及时通风，夜间温度保持在10℃～12℃，营养液温度应调节在15℃～18℃。

　　温室封闭的环境易造成二氧化碳缺乏，抑制植株光合作用，可采用硫酸加碳酸氢铵进行化学反应产生二氧化碳，从而促进生菜产量。

　　定植初期，由于秧苗小，根系不发达，因此水位需要调高，距离盖板0.5～1.0㎝为宜。当幼苗根长到10～15㎝时，应把水位降低，距离盖板2～3㎝，以利于植株的生长发育。

　　4.营养液管理

　　每周应调节一次营养液pH和EC值。生菜生长适宜的EC值为2.0～3.2mS/cm，pH值为6.0～6.5。当营养液pH值偏大时，可使用磷酸、硼酸或硫酸调节；pH值偏小时可用氢氧化钙、氢氧化钠或氧化钾进行调节。EC值可以通过加入营养液或水进行调节。生菜无土栽培需要每天供液2次，分别为上午8：00和下午17：00。每次供液5～10分钟，光照条件好的情况下可延长供液时间。营养液需要每周更换一次，同时检测EC值和pH值。

5.病虫害防治

在温室内种植无土栽培生菜时，生菜密度大或管理不善，容易导致植株早衰，感染霜霉病、软腐病等。应根据植株生长情况，及时及早喷药防治。

图3-1-3-3

二、紫背天葵无土栽培

紫背天葵别名观音苋、血皮菜等，是菊科三七属多年生草本植物。茎直立，高60～90㎝，紫红色或绿色，分枝性强。紫背天葵食用部分为嫩茎和叶，可凉拌、烹炒、烧汤等。紫背天葵富含黄酮类化合物及铁、锰、锌等对人体有益的微量元素。下面我们就一起来学习紫背天葵深液流无土栽培技术。

图3-1-3-4

【过程与实施】

1.品种选择

紫背天葵叶菜品种可分为：红叶种紫背天葵、紫茎绿叶种紫背天葵两种。

2. 扦插繁殖和定植

深液流栽培紫背天葵是将根系置于栽培床的营养液中，随根系生长调节营养液的液面，以利于植株根系吸收氧气。

由于紫背天葵很少结籽，因此一般采用扦插繁殖。先从健壮的植株上剪下约10㎝的嫩梢，将其2～3片叶子摘掉，然后直接固定在定植杯里，集中到育苗槽内育苗。槽内放清水浸至插梢下端1.5㎝处，15～20天左右插梢长根成活。当定植杯里的插梢长根后即可移植到温室栽培槽内。

3.营养液管理

紫背天葵定植初期，因其根系还不够发

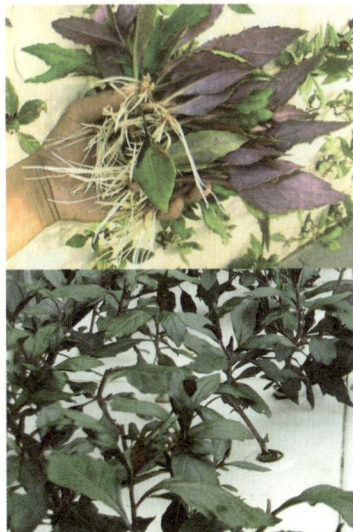
图3-1-3-5

达，营养液的液面应控制在距离定植板底部1～2cm处，以利于植株根系吸收肥水。待植株根系发达时，可将液面逐渐降低至距离定植板底部4～6cm处，使其部分根系能充分吸收空气中的氧气。给植株供液应采用间断循环给液法，每天上午和下午各循环3次，每次20分钟。在定植初期，营养液浓度不宜过高，应将配方总剂量分两次添加，即首次添加1/2剂量，1周后再加余下的1/2剂量。在植株生长期间，紫背天葵营养液一般EC值应维持在2.0～2.5为宜，pH值控制在6.0～6.9范围内。如若营养液pH值高于或低于6.0～6.9这个范围，应及时用磷酸或氢氧化钠等进行调整。

紫背天葵一次扦插后可周年栽培。为防止营养液长时间循环使用造成有害物质积累过多，养分失衡，应每隔3个月更换1次营养液。方法是：抽走1/2营养液，再补充清水和2/5剂量的原营养液。

4.病虫害防治

管理不当容易引起紫背天葵的根腐病，也会使其受到蚜虫等病害。一般采用通风透气、调节适宜温度等防治措施。一旦发现有植株生病，可采用72%农用链霉素可溶性粉剂4000倍液，每隔5天喷药1次，连喷3～4次，并及时清除病株。

5.采收

在定植后20～25天，苗高20～25cm左右，植株顶端心叶尚未展开时采收。采收时，摘取长10～15cm的嫩梢，基部留2～4片叶，以便萌发新的腋芽。

第四节　芽苗菜无土栽培实践

1.掌握豌豆苗、蚕豆芽立体无土栽培方式及技术。

2.按照豌豆苗、蚕豆芽的栽培方式，能独立操作芽苗菜的栽培管理技术。

学习目标

一、豌豆苗无土栽培

豌豆苗又称龙须豌豆苗、豌豆尖，豌豆苗是豆科植物豌豆的嫩苗。豌豆苗体型修长，清香美味，营养丰富，含有多种人体所需的氨基酸。最适合的食用方法是凉拌、做汤，倍受广大消费者的青睐。

【过程与实施】

1.品种选择

选取果实饱满、外形圆润的种子，提升种子的发芽率。应选择耐热耐寒、抗病性强的品种，如：上海豌豆苗、无须豆尖1号等。

图3-1-4-1

2.播种育苗

（1）种子处理。

浸种：将筛选后的种子放入温水浸泡4小时，然后用清水浸泡12～14小时。

（2）育苗盘准备。准备一个育苗盘，育苗盘的透气性和排水性要好，防止芽苗根部不能呼吸。在育苗盘中放入2～3张育苗纸，喷湿育苗纸，至育苗纸足够湿润即可。

图3-1-4-2

（3）播种。将种子均匀地平铺在育苗盘中，不能重叠。种子铺好后，再用喷壶喷一遍种子，使种子保持湿润。播种完毕，将育苗盘盖子盖上，放置于阴凉、通风的地方，保温22℃～25℃等待种子发芽。待豌豆苗长到3～4cm高时，即可将育苗盘摆在培养架上，摆好后遮光培养。

图3-1-4-3

（4）苗期管理。豌豆苗属于比较容易培育的芽苗菜，只需要每天喷水2～3次即可。豌豆苗前期生长不需要较强的光条件，所以在豌豆苗生长前

图3-1-4-4

期最好不要见光或见弱光。在种植7天后，豌豆苗逐渐长高时，此时可以让豌豆苗见些弱光。

小提示

在豌豆苗生长前期需要避光，后期可见弱光。豌豆苗发芽温度应控制在20℃～25℃，生长温度应控制在15℃～30℃。

3.采收

在种植豌豆苗13天后，当豌豆苗长至15㎝左右，就可以开始采收。用剪刀距离根部4～5㎝处剪掉豆苗。豌豆苗第一次采收后，还可以留下一部分根，依然每天浇水2～3次，保证根部透气，3～4天后还会长出一批新的豌豆苗。

二、蚕豆芽无土栽培

蚕豆，又称罗汉豆、胡豆等，属豌豆科，一年生或越年生草本植物。蚕豆营养价值非常高，富含人体多种微量元素及矿物质。

图3-1-4-5

图3-1-4-6

【过程与实施】

1.品种选择

蚕豆芽生产中应优先选择种皮明亮、芽苗生长速度快的品种。可供选择的品种有苏03009、苏02001、通蚕3号等。

2.播种育苗

（1）种子处理。浸种：将筛选后的种子放入25℃～28℃左右的温水浸泡，一般浸种时间为36小时，每3～4小时需要将种子捞出淘洗一遍、换水1次。

（2）育苗盘准备。准备一个育苗盘，育苗盘的透气性和排水性良好，防止芽苗根部不能呼吸。在育苗盘中放入2～3张育苗纸，用喷壶将育苗纸喷湿。

（3）播种。将种子均匀地平铺在育苗盘中，不能重叠，种子中间尽量留有缝隙以保证发芽空间。种子铺好后，再用喷壶喷一遍种子，使种子保持湿润。播完种子后，将育苗盘盖子盖上，放置于黑暗、通风的地方，等待种子发芽。

图3-1-4-7

图3-1-4-8

小提示

蚕豆喜冷凉，属半耐寒性作物。发芽适宜温度为16℃～25℃，生长适宜温度为15℃～25℃。蚕豆苗生长期间每天需喷水2～3次。

3.采收

蚕豆苗生长周期为10天左右，当蚕豆苗长到5～7㎝高即可采收食用。

本章知识小结

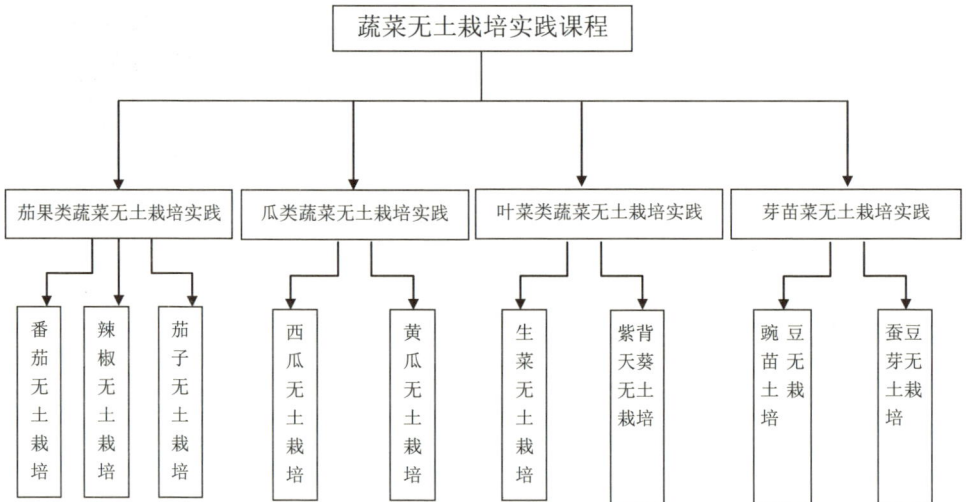

```
                    蔬菜无土栽培实践课程
    ┌──────────────┬──────────────┬──────────────┐
茄果类蔬菜无土栽培实践  瓜类蔬菜无土栽培实践  叶菜类蔬菜无土栽培实践  芽苗菜无土栽培实践
 ┌───┬───┬───┐    ┌───┬───┐    ┌───┬───┐      ┌───┬───┐
 番   辣   茄     西   黄     生   紫        豌   蚕
 茄   椒   子     瓜   瓜     菜   背        豆   豆
 无   无   无     无   无     无   天        苗   芽
 土   土   土     土   土     土   葵        无   无
 栽   栽   栽     栽   栽     栽   无        土   土
 培   培   培     培   培     培   土        栽   栽
                              栽        培   培
                              培
```

本章实践与思考

（一）看一看

以小组为单位，通过观察蔬菜类无土栽培，重点了解一种蔬菜的无土栽培方式。

思考：

简述蔬菜类无土栽培技术的管理要点？

（二）想一想

在本章内容中，蔬菜种子在播种之前需要经过哪些处理方法，完成下表。

类别	处理方法
番茄	
辣椒	
茄子	
黄瓜	
生菜	
紫背天葵	
豌豆苗	
蚕豆苗	

（三）做一做

1.以小组为单位利用无土栽培技术培育一种蔬菜。

2.在家里尝试利用身边工具培育芽苗菜，并写一篇芽苗菜的种植观察日记。

第二章 花卉无土栽培实践课程

第一节 切花类花卉无土栽培实践

1.掌握切花月季岩棉培的方式及技术。
2.掌握百合种球、非洲菊种子基质培的方式及技术。
学习目标

图3-2-1-1

一、月季无土栽培

月季又称月月红、长春花、四季花，是常绿、半绿低矮灌木。月季花多彩艳丽，花姿优美，四季常开，品种繁多，深受人们的喜爱。在我国有52个城市将月季选为市花，它还是我国十大名花之一。

【过程与实施】

1.品种选择

作为无土栽培的切花月季，需要选择植株生长健壮、茎少刺或无刺、耐修剪、抗逆性强的品种。目前我国市场上常见的品种有卡尔红、奥林匹亚、火鹤、金徽章、雅典娜等。

2.育苗

切花月季一般采用扦插或嫁接繁殖。扦插繁殖只需要硬枝、嫩枝即可。基质可选用岩棉块（7.5cm×7.5cm）。将枝条剪成10cm一段的插条，插条上端留2对复叶，下端剪口呈45度角，用50~100 mg/L的萘乙酸浸泡剪

图3-2-1-2

口，浸泡12小时就可以促进发根。将插条插入岩棉块中，插条深度为5cm左右。扦插后需要保持基质湿润，可使用喷壶喷水。当植株根系长到1~2cm时即可移栽定植。

3.定植

在采用岩棉块定植时，先将岩棉块种植棉用切花月季的无土栽培营养液浸泡1夜，使岩棉的pH值降到接近中性。然后在岩棉垫靠近废液沟一侧，用小刀在离岩棉块底部约1/4高的地方，切开2～3个10㎝左右的口子，以便排除多余营养液。将扦插苗连岩棉块放在岩棉种植垫上。岩棉块也可用海绵、泡沫板、花泥、定植盘代替。

　　　岩棉　　　　　　　海绵定植　　　　　　泡沫板定植

  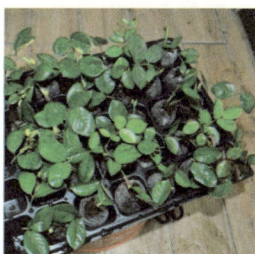

　　花泥定植　　　　　定植盘扦插　　　　　定植盘定植

图3-2-1-3

小提示

月季多数品种生长适宜温度，白天为20℃～27℃，夜间为12℃～18℃。新定植的小苗环境温度不能太高，否则影响成活率。随着小苗的生长，可逐步将温度提升到20℃以上。

4.植株调整

（1）整枝修剪。月季整枝修剪主要在两个时期进行，一个时期是在月季落叶后的休眠期进行修剪，另一种是在月季生长期进行修剪。在月季落叶后的休眠期，将当年生的枝条保留2～4个芽，其余全部摘除。如果在休眠期不及时修剪或修剪力度不够，都会导致第二年月季萌发时枝条细弱，进而造成花朵弱小。在月季生长期间修剪，是把生长期过密的枝条修剪掉，或者是把比较严重的病虫害枝条修剪掉。

（2）花期调控。月季从腋芽分化到花枝孕育花蕾开花，需要的时间被称为"到花日数"。到花日数与品种、温度、光照和营养条件有关。光照充足、温度适宜、营养均衡，则到花日数缩短。多数品种的月季花的到花日数需要52~58天。掌握这一规律，可根据适当条件选择整枝修剪时间。

5.营养液管理

切花月季营养液配方见下表。在定植初期，营养液的EC约为1.5mS/cm，随着植株的生长，营养液EC应提高至2.2mS/cm。切花月季整个生长期营养液的pH值均在5.5~6.5为宜。

表3-2-1-1 月季无土栽培营养液配方

化合物名称	用量（mg/L）	化合物名称	用量（mg/L）
硝酸钙[Ca（NO3）$_2$·4H$_2$O]	490	螯合铁（Na$_2$Fe-EDTA）	12
硝酸钾（KNO$_3$）	190	硫酸锰（MnSO$_4$·4H$_2$O）	1.5
氯化钾（KCl）	150	硫酸铜（CuSO$_4$·5H$_2$O）	0.125
硝酸铵（NH$_4$NO$_3$）	170	硫酸锌（ZnSO$_4$·7H$_2$O）	0.85
硫酸镁（MgSO$_4$）	120	硼酸（H$_3$BO$_3$）	1.24
磷酸（H$_3$PO$_4$，85%）	130		

6.病虫害防治

月季容易遭受到的病虫害有白粉病、灰霉病、红蜘蛛、蚜虫等。可根据月季生长情况、发病情况进行不同的预防措施或除害措施。

7.采收

当切花月季花朵微放时即可进行采收。剪花时需要根据花枝强壮程度而定，粗枝枝条可适当提高剪花部位，剪花时剪口与枝条需呈60度角。

图3-2-1-4

二、百合无土栽培

百合又名夜合花，为多年生草本无皮鳞茎类花卉。鳞茎呈球形、卵形或圆锥形，大小因品种而异。百合花喜凉，较耐寒，喜干燥，怕水涝。百合花花形好，花色有白、黄、粉、红等多种颜色。下面，我们就来看看如何利用无土栽培技术种植百合花。

图3-2-1-5

【过程与实施】

1.品种选择

图3-2-1-6

百合花的栽培类型与品种繁多，应选择生长健壮、无病虫害的种球。目前我国常种植的百合花品种有新中心、精粹、西伯利亚等。

2.基质准备

基质选择：可选择适合百合种球的复合基质，如珍珠岩：蛭石=1：1、草炭：珍珠岩=1：1等。

（1）种球处理。

浸泡：百合种球在种植前需要进行消毒处理，将种球放入百菌清600倍液体中浸泡15～20分钟。浸种后用清水冲洗、晾干后即可种植。

3.定植

可选用盆栽的形式进行定植。首先准备一个12～15cm的深盆，每盆栽种3个鳞茎。定植前先在深盆底垫些碎瓦片以增加透水透气性，然后添加基质。在基质上挖三个小洞，用镊子夹住鳞茎

图3-2-1-7

的根须，轻轻将鳞茎植入小洞，使种球距离盆口约2cm，在种球顶端覆盖基质1cm。种植百合种球时需要注意三点：

（1）百合种球应摆正，使顶芽垂直向上，如果种球摆放不正，芽会斜长，影响百合茎高生长，降低百合切花品质；

（2）种植种球时应轻放，不可以用力将其压入基质中，这样会使种球

基部根断裂；

（3）覆盖基质过程中，不要压得太实，以免损伤其根系。定植后，需要及时浇水定根，目的是让基质与根系紧密接触。浇水时必须注意2个关键点：一是浇透，二是浇均匀。

小提示

因百合大多喜冷凉气候，较耐寒，故在百合生育开花期间，白天室温应控制在15℃～20℃，最高不可超过25℃，夜间温度应控制在10℃～15℃为宜。百合喜干燥，怕水涝，浇水应保持湿度在80～85%为宜。

百合属于长日照植物，长日照能促进百合花芽分化，但有轻荫更好，才能使百合生长良好。在温度湿度有保证的前提下，尽可能打开多处风口通风；对于花茎软的品种，可采用风扇加强通风。

4.营养液管理

基质栽培定植初期，只可浇清水。5～7天后当植株有新叶长出时，改浇营养液，用标准配方的0.5个剂量浇灌。地上茎出现后改用标准配方的1个剂量浇灌，并适当将营养液中的磷、钾含量再增加100mg/L。百合花开花期间用标准配方的1.5～1.8个剂量浇灌。

表3-2-1-2 百合无土栽培营养液配方

化合物名称	50kg水中肥料含量	化合物名称	50kg水中肥料含量
硝酸钙[$Ca(NO_3)_2 \cdot 4H_2O$]	18.9kg	硼砂（$Na_2B_4O_7 \cdot 10H_2O$）	0.35kg
硝酸钾（KNO_3）	8.8kg	硫酸锰（$MnSO_4.H_2O$）	5g
磷酸二氢钾（KH_2PO_4）	5kg	硫酸铜（$CuSO_4$）	5g
硫酸镁（$MgSO_4$）	9.6kg	硫酸锌（$ZnSO_4$）	5g
硫酸亚铁（$FeSO_4 \cdot 7H_2O$）	0.25kg	硫酸铵[$(NH_4)_2SO_4$]	5g
pH	5.5～6.5		

5.病虫害防治

百合花在栽培期间，病害主要有叶烧病、灰霉病等，还需要加强蚜虫防治。为防治叶烧病的发生，在花芽分化后中午需要遮阴降温，并适当控制湿度。防治灰霉病可采用定期喷施百菌灵、杀菌剂等药物进行防治，同时加强通风，保持土壤干燥。

图3-2-1-8

6.采收

掌握花的成熟度，适时采收，以保证切花质量。一般判断标准是百合植株最下面一朵花蕾充分膨胀并着色。采收工具可以使用剪子或锋利的小刀，切割的部位一般要根据植物的高度，保证切花枝条长度的基础上，尽量留下一定的绿叶。切下的花枝应尽快进行预冷、吸水、保鲜。

图3-2-1-9

三、非洲菊无土栽培

非洲菊属菊科大丁草属。非洲菊原产于非洲南部，喜温暖通风、阳光充足的环境。生长适宜温度20℃～25℃，冬季可在12℃～15℃的温度下生长。非洲菊是世界流行的切花品种之一，花色丰富，有红、粉红、橙、黄等不同花色。

图3-2-1-10

【过程与实施】

1.品种选择

非洲菊品种丰富，有单瓣型和重瓣型两种。常见的品种有橙色、粉红色、大红色等12个色系。目前，我国非洲菊品种多数引自国外，如：泰拉·维沙、泰拉·吐巴等。

2.播种育苗

非洲菊种子约240～300粒/g，通常采用60%珍珠岩＋40%泥炭混合基质进行育苗。在35～45cm的育苗盘上播撒1000粒种子，然后在上面覆盖一层蛭石。保持基质温度在20℃左右，避免阳光直射，始终保持一定的空气湿度。当非洲菊种子发芽后应马上提高光照强度，大约4周左右，小苗长出

5片真叶时，就可以进行移栽定植。

3.移栽定植

无土栽培非洲菊可以采用花盆进行定植，将消毒过的花盆，垫入棕片，盖上瓦片，加入河沙。将非洲菊苗移入，再加入河沙至离盆面2~3cm处，用手压实，浇透水，使基质和植株根系紧密接触。

1周左右，待根苗恢复后，再浇营养液。浇营养液的时间可根据河沙的干湿情况而定，一般1周1次，在浇灌营养液的间隔时间里，可清洗基质。

小提示

因非洲菊原产于南非，喜温暖、阳光充足、空气流通的环境。非洲菊适宜生长的昼温为22℃~26℃，夜间最适宜温度为20℃~24℃，日平均温度应控制在23℃。非洲菊的根部为肉质根，含水量高，能抗旱不耐湿。在非洲菊生长旺盛时应保持供水充足。浇灌时注意不要使非洲菊叶丛中心沾水，尤其不能积水，基质湿度最佳维持在70~85%。非洲菊喜阳光充足的环境，每天日照时间不能低于12小时，当光照强时，应适当遮阴。

4.营养液管理

非洲菊在定植后，第一次营养液要浇足，浇透，以后每7~10天浇1~2次营养液。定植初期营养液EC值控制在1.5mS/cm左右；随着植株的生长，可逐渐提高到2.0~2.5mS/cm。

表3-2-1-3　非洲菊无土栽培营养液配方

化合物名称	用量（mg/L）	化合物名称	用量（mg/L）
硝酸钙[$Ca(NO_3)_2 \cdot 4H_2O$]	760	硫酸锰（$MnSO_4 \cdot 4H_2O$）	1.2
硝酸钾（KNO_3）	430	硫酸铜（$CuSO_4 \cdot 5H_2O$）	0.15
磷酸二氢钾（KH_2PO_4）	170	硫酸锌（$ZnSO_4 \cdot 7H_2O$）	1.2
硝酸铵（NH_4NO_3）	60	硼酸（H_3BO_3）	1.9
硫酸镁（$MgSO_4 \cdot 7H_2O$）	245	钼酸铵[$(NH_4)_6Mo_7O_{24} \cdot 4H_2O$]	0.10
螯合铁（$Na_2Fe-EDTA$）	13		

5.采收

当非洲菊的花瓣已经充分展开，花盘上最外面二、三圈花瓣已经开放时，就可以采收了。采摘时应用手抓住花茎，向外掰开，使花茎从根茎处折断，不要用剪刀或刀子切开。采收后应立即将花茎浸入保鲜液中，并放置在凉爽的地方。

第二节 盆栽花卉无土栽培实践

一、红掌无土栽培

红掌一般是指花烛花，是单子叶植物纲天南星科花烛属多年生常绿草本植物。有佛焰花序，叶形苞片。红掌常见的苞片颜色有红、粉红、白等。在欧洲等地皆有广泛栽培。这种植物喜温暖、潮湿、半阴的环境，切忌阳光直射。

图3-2-2-1

【过程与实施】

1.种苗选择

选择生长均匀、根系发育良好、根量多、叶片完整、无病虫害且健壮的种苗。

2.花盆和基质选择

种植红掌一般可选用12㎝×10㎝或15㎝×14㎝的花盆。红掌对光线较为敏感，花盆应选择不透光，外红里黑的双色花盆进行种植。

栽培基质可选用草炭∶椰糠=3∶1或草炭∶珍珠岩=2∶1等复合基质，并将基质pH控制在5.5~6.5、EC值保持在0.8~1.2mS/㎝。

图3-2-2-2

3.定植

上盆种植红掌前，需要先在花盆底部放3~4㎝厚的粗基质，再在粗基质上面放入2~3㎝厚的栽培基质，将红掌植株摆正放于花盆中央，最后填充基质至盆面2~3㎝处，确保植株中心生长点及基部小叶露出基质。种植后需及时喷施杀菌剂，以防止病虫害的发生，可采用75%百菌清600~800

倍液进行叶面喷雾，并适当遮阴。

小提示

红掌定植后应将白天温度控制在25℃～28℃，夜间温度控制在19℃～21℃，空气相对湿度控制在70%左右。上盆3～4天后可适当喷施浓度较低的营养液，营养液EC值应小于0.5mS/cm，种植1～2日后可转入正常管理。红掌光照度维持在20000～25000lx即可。

图3-2-2-3

4.植株调整

（1）剪叶。红掌植株叶片需要每个月或2～3周时修剪1次。每次将老叶、叶片过大的叶子剪掉。

（2）除吸芽。如果红掌长出吸芽应尽早除去，否则吸芽长大后再除去会损坏根茎。植株在生长缓慢期不宜除去吸芽，在这一时期除去吸芽容易导致病虫的侵害。

5.营养液管理

红掌的小苗成长期EC值应维持在0.5～0.75mS/cm，中苗EC值应控制在0.8～1.0mS/cm，成品苗EC值应控制在0.9～1.2mS/cm。红掌小苗一般每盆供液为200mL，中苗、成品苗每盆供液量300mL。采取水、营养液交替浇灌的方法，使基质含水量保持在50～80%，供液时以少量液体流出为宜。人工浇灌时，小苗每日浇灌时间在8：00～11：00为宜，中苗、成品苗每日浇灌时间以14：00～17：00为宜。每半个月需要测定基质的pH和EC值，使基质pH控制在5.5～6.5，EC值小于0.8mS/cm。

表3-2-2-1　红掌无土栽培营养液配方

化合物名称	用量（mg/L）	化合物名称	用量（mg/L）
硝酸钙[Ca（NO₃）₂·4H₂O]	354	螯合铁（Na₂Fe-EDTA）	6
硝酸钾（KNO₃）	253	硫酸锰（MnSO₄·4H₂O）	0.6
磷酸二氢钾（KH₂PO₄）	136	硫酸铜（CuSO₄·5H₂O）	0.12
硝酸铵（NH₄NO₃）	80	硫酸锌（ZnSO₄·7H₂O）	0.86
硫酸镁（MgSO₄·7H₂O）	246	硼酸（H₃BO₃）	1.2
硫酸钾（K₂SO₄）	87	钼酸铵[（NH₄）₆Mo₇O₂₄·4H₂O]	0.6

6.病虫害防治

红掌主要的病虫害有细菌性枯萎病、叶斑病、根腐病、蚜虫等。除了利用化学药剂进行病虫害防治之外，也可在温室风口固定防虫网，内挂捕虫网进行物理防治。

图3-2-2-4

二、仙客来无土栽培

图3-2-2-5

仙客来别名萝卜海棠、兔耳花，为报春花科仙客来属多年生球根草本花卉，适合种植于室内花盆。现已成为世界各地广为栽培的花卉，品种繁多。

【过程与实施】

1.品种选择

仙客来的品种众多，其分类方法没有统一标准，按花的形状可分为6种类型，如：大花类型、平瓣类型、钟型、皱边类型等。

2.播种育苗

（1）种子处理。

①育苗盘选择：可选用128孔的育苗穴盘进行育苗。

②浸种：先用500倍液多菌灵浸泡种子5分钟，取出后放置于30℃～40℃温水中，自然冷却浸种24小时。

③催芽：清洗消毒后的种子表面黏着物，将洗好的种子包于湿布中催芽，保持温度在25℃。经过1～2天后，种子萌动即可取出播种。

（2）播种。播种基质可选用草炭：珍珠岩=7：3的复合基质用于育苗基质。播种容器在播种前5天需浸泡在0.1%高锰酸钾溶液中消毒30分钟。播种时将基质装入育苗盘中，用力将基质压实，浇透水，在基质表面上挖出深约0.5cm的孔穴。每穴播种1粒，上面覆盖0.5cm厚的潮湿蛭石。

播种完成后，覆盖黑色塑料薄膜，保持基质湿润。播种后将育苗盘置于15℃～22℃的环境中，约28～40天苗可陆续出齐。育苗期间要经常检查基质的干湿情况，一般每隔3～5天检查一次，若发现基质有发干的现象，及时补水。当70～80%的种子发芽时，应及时揭去覆盖物，逐渐增加光照进入苗期管理。

（3）育苗。仙客来苗期一般为2～3个月，当第一片真叶展开时，可用50～75mg/L的硝酸钙进行施肥，并开始提供15000lx的光照。当幼苗长出2片真叶后，可用铵态氮和硝酸钙交替施肥，浓度提高到75～100mg/L，每7～10天施1次肥，基质湿度应保持在50～70%，光照维持在20000lx左右。随幼苗的生长，光照度可逐渐增长，但不能超过35000lx。

3.移栽定植

（1）基质准备。腐熟的猪粪或鸡粪：食用菌渣：谷壳灰：细媒渣=2：4：3：1，每立方米基质加5kg三元复合肥，充分混合后填平栽培槽，基质上铺塑料滴管软管。

（2）移栽定植。当仙客来幼苗已经有2～3片真叶完全展开，叶片开始互相碰触时，就可以进行移栽工作。幼苗可移栽至72孔或50孔的育苗穴盘中，基质可采用草炭：珍珠岩：蛭石=6：2：1的复合基质。基质准备好后应立即消毒，在每立方米基质中加入等量的三元复合肥500g、硝酸钾200g、过磷酸钙300g及适量杀菌剂，兑水搅拌均匀，使基质的含水量控制在40～50%左右。

仙客来移栽时要将小球茎1/3露出基质表面，基质距离移栽容器上沿0.5～1cm处。移栽后，当仙客来长出6～8片真叶时就可以进行定植工作。花盆的选择可以根据品种不同而不同，可选择口径在10cm～16cm的花盆。定植时要保持仙客来球茎露出

图3-2-2-6

1/3～1/2基质，基质距花盆1.5cm～2cm。每周需要浇1次营养液，并可根据植株情况每2～3天喷1次清水。

小提示

在仙客来生长期间，白天温度应控制在20℃～25℃，夜间温度应控制在15℃～18℃。植株生长期间空气湿度应以70～75%为宜，基质湿度以50～70%为宜。仙客来生长期间光照应控制在25000～35000lx。

4.营养液管理

当仙客来植株进入生长的第1个高峰期时，营养液EC值控制在1.0～1.2mS/cm。当仙客来进入生长的第2个高峰期时，营养液EC值可提高到1.2～1.5mS/cm。当仙客来进入花期阶段，EC值应维持在1.5～1.8mS/cm。营养液供液量平均每周1次，根据植株情况每2～5天浇1次清水。另外，每7～10天应在叶面上喷施1次0.1～0.2%浓度的磷酸二氢钾溶液，以促进叶片生长。

表3-2-2-2 仙客来无土栽培营养液配方

化合物名称	用量（mg/L）	化合物名称	用量（mg/L）
硝酸钙[$Ca(NO_3)_2 \cdot 4H_2O$]	250	硫酸钙（$CaSO_4 \cdot 2H_2O$）	50
硝酸钾（KNO_3）	400	硫酸亚铁（$FeSO_4 \cdot H_2O$）	100
尿素[$(NH_2)_2CO$]	200	硫酸锌（$ZnSO_4 \cdot 7H_2O$）	10
磷酸二氢钾（KH_2PO_4）	100	硼酸（H_3BO_3）	10
硫酸镁（$MgSO_4 \cdot 7H_2O$）	150	钼酸铵[$(NH_4)_6Mo_7O_{24} \cdot 4H_2O$]	10

5.病虫害防治

仙客来主要病害有软腐病、炭疽病、病毒病等。主要虫害有螨类、蓟马、蚜虫等。

防治方法：对种子、栽培基质进行消毒处理；发现病株时应及时除掉，也可选择喷洒多菌灵、乐果等杀菌杀虫剂。

第三节 兰科花卉无土栽培实践

1.掌握蝴蝶兰盆栽的栽培方式及技术。

2.掌握大花蕙兰基质培的栽培方式及技术。

学习目标

一、蝴蝶兰无土栽培

蝴蝶兰又名蝶兰，是兰科蝴蝶兰属的多年生常绿草木花卉。蝴蝶兰原产于欧亚、北非、北美和中美。蝴蝶兰喜高气温、高湿度、通风透气的环境；不耐涝、耐半阴的环境，忌烈日直射，畏寒冷，生长适温为22℃～28℃。蝴蝶兰是单茎性附生兰，常年附生于潮湿树林下的树干或岩石上，因其花形似蝶而得名。

图3-2-3-1

【过程与实施】

1.种苗选择

蝴蝶兰种苗应选择植株生长健壮、无病虫害的幼苗。

2.移苗定植

（1）栽培基质准备。因为蝴蝶兰的根系是气生根，对排水、透气要求较高，所以栽培基质要具备良好的保水性和较高的透气性。常用的蝴蝶兰无土栽培基质有水苔、松树皮、椰糠等。选用水苔作为栽培材料，使用前需要先把水苔放在清水中浸泡12小时，挤干后备用，基质的pH值应控制在5.5为宜。

（2）容器选择。蝴蝶兰无土栽培容器应选择不透明的花盆，花盆底部要有排水孔，容器大小应根据植株大小而定，花盆底孔多的为宜。

（3）移栽定植。蝴蝶兰移栽定植前，先将种植前的瓶苗瓶盖打开1～2天后再进行种植。种苗出瓶时需要用清水洗掉植株根基的培养基。种植时，垫少量水苔于根系底部，再用水苔将小苗根部和茎部包住，以防折断根系，注意不要将根系基部全部露出。然后，将小苗竖直地种植于盆的正中央。种植后，观察水苔高度应低于盆沿1cm左右。小苗移栽后，需要及时使用杀菌剂消毒1次。

图3-2-3-2

当植株新叶长出，新根伸长时，每周用0.3～0.5%磷酸二氢钾擦拭叶面1次。

（4）栽培管理。蝴蝶兰盆栽每年必须换盆，如果不及时换盆，盆栽基质容易腐烂造成透气性差，植株长势易受到影响。

换盆时，先将植株原有的下部基质挖出，将干枯的老根、有锈斑的根剪去。新盆底用碎瓦片垫起，将消毒过的湿松针叶先放入盆底一层，把蝴蝶兰的根均匀散开放入盆内，再将松针叶放在兰株根系处，轻轻压实，使兰花植株站稳。注意兰株的根茎要与盆沿高一致，然后喷水，将其放置

图3-2-3-3

在室内通风处。这期间蝴蝶兰不宜施肥，只需要适当浇水。当蝴蝶兰花芽形成后，室内温度应控制在18℃~20℃，经过3~4个月的养护就可以开花。在盛花期间，温度应控制在15℃~18℃，还需加强通风和湿度，蝴蝶兰花期可长达4月之久。

小提示

蝴蝶兰在幼苗时期，适宜温度为18℃~30℃，中苗期为25℃~28℃，大苗期为22℃~30℃。蝴蝶兰对湿度要求较高，应保持在70~80%。蝴蝶兰在不同的生长时期所需水分不同。在给蝴蝶兰浇水过程中，需要注意刚出瓶的小苗一般采用喷雾方法进行补水，中苗和大苗应采用滴灌方法进行补水。浇水过程中应以少量水从盆底流出为宜，若水过多容易引起烂根和病害的发生。

蝴蝶兰在生长过程中需要散射光照。小苗期间光照应控制在2000~15000lx，中苗期应控制在12000~15000lx，大苗期应控制在15000~20000lx。

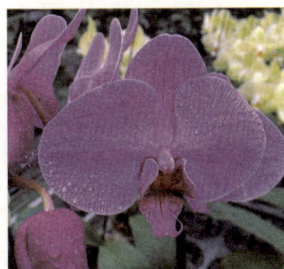
图3-2-3-4

3. 营养液管理

蝴蝶兰所需肥量较多，主要以液肥为主，通常施肥和浇水同时进行，保持每周1次施肥。蝴蝶兰在不同生长时期所需氮、磷、钾的含量不同。幼苗应施含氮量较高的肥料，而在花芽分化期应施用含磷、钾高的肥料。

表3-2-3-1 蝴蝶兰营养液配方

化合物名称	用量（mg/L）	化合物名称	用量（mg/L）
硝酸钙[$Ca(NO_3)_2 \cdot 4H_2O$]	1000	硼酸（H_3BO_3）	6
硝酸钾（KNO_3）	600	硫酸亚铁（$FeSO_4$）	15
硫酸钾（K_2SO_4）	200	硫酸锰（$MnSO_4 \cdot 4H_2O$）	4
磷酸二氢钾（KH_2PO_4）	200	硫酸锌（$ZnSO_4 \cdot 7H_2O$）	1
硫酸镁（$MgSO_4 \cdot 7H_2O$）	600	硫酸铜（$CuSO_4 \cdot 5H_2O$）	0.2
磷酸铵[$(NH_4)_3PO_4$]	400	钼酸铵[$(NH4)_6Mo_7O_{24} \cdot 4H_2O$]	0.4
乙二胺四乙酸二钠铁[EDTA-Na_2Fe（含Fe14.0%）]	20		

4.病虫害防治

蝴蝶兰对病虫害的抵抗力较弱，常见病害有软腐病、褐斑病、炭疽病等。如发现植株得病，需加强通风，将病叶剪除，并用50%多菌灵1000倍液每周喷洒1次，连喷3次。

蝴蝶兰常见的病虫害有介壳虫、红蜘蛛、蜗牛等。发生虫害后，需及时喷洒多菌灵、乐果等杀菌杀虫剂。

二、大花蕙兰无土栽培

大花蕙兰是兰科，兰属常绿多年生附生草本植物。大花蕙兰原产于印度、缅甸、泰国等国家，花朵大而艳丽，是非常适合家庭养殖的花。

【过程与实施】

1.品种选择

种植大花蕙兰应选择抗病性好，对短日照要求不高的品种。

图3-2-3-5

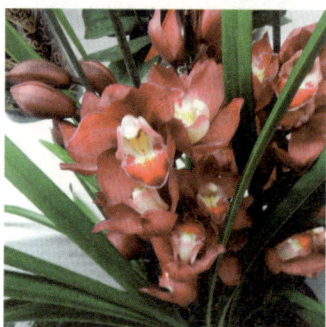

图3-2-3-6

2.组培苗移栽定植

（1）取苗。用镊子小心从试管中取出大花蕙兰的组培苗，用清水清洗组培苗根部附着的培养基，剪除烂根烂叶。将组培苗浸泡在500倍百菌清溶液10~20分钟后，放置于通风阴凉处，以便种植。

（2）定植。采用水苔作为基质使用，水苔需要先浸透水，挤干后使用。用湿润的水苔包裹住组培苗的根部，移栽于50孔的穴盘内，用水苔填满穴盘空隙，稍压实。移栽后7天内不浇水，每日喷雾1~3次保持湿润即可，在种植5~7天后需喷施1次复合肥。

（3）定植后管理。大花蕙兰幼苗定植后的几天内，阳光不可太强，否则植株容易

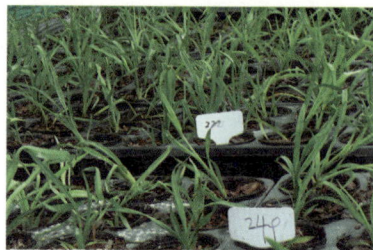

图3-2-3-7

得日灼病，叶片受伤严重。随着幼苗的生长，逐步增加光照度。栽种4~6周后，大花蕙兰需要较强的阳光，温室温度应控制在24℃~25℃，出瓶后温度也应控制在20℃左右。

3.穴盘苗移栽

穴苗盘中的幼苗在生长5～6个月后，根系已经布满穴盘，适时将幼苗换到直径为12cm左右的软塑胶钵中。软塑胶钵中基质可采用树皮：碎石=3：1的混合基质。注意：树皮需要经过充分高温蒸煮杀菌才能使用，碎石也应用清水冲洗，以便去除粉尘。刚换钵的

图3-2-3-8

种苗不能马上施肥和浇水。种植一周后，可施肥，每月施1次有机肥，也可结合营养液一起补充植株营养。在大花蕙兰生长期间，浇水不能过于频繁，一周2～3次即可。

4.成品苗管理

大花蕙兰在成品期，必须将容器换至直径为20cm左右的硬塑料盆中。这时期需要采用以氮为主的有机肥，也可加入磷、钾颗粒。一般每盆10g左右，每月施肥1次，在适宜温度、光照等因素的配合下，就可以开出花芽。成品期的栽培时间为6个月左右。

小提示

大花蕙兰生长期温度应控制在15℃～30℃。大花蕙兰生长期光照强度需要保持在15000lx～20000lx。

本章知识小结

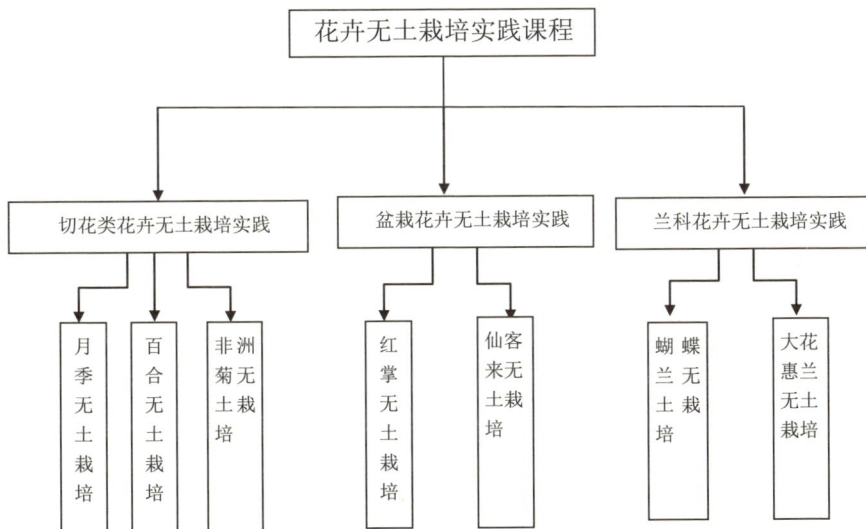

```
                        花卉无土栽培实践课程
                               │
        ┌──────────────────────┼──────────────────────┐
        │                      │                      │
  切花类花卉无土栽培        盆栽花卉无土栽培        兰科花卉无土栽培
        │                      │                      │
   ┌────┼────┐            ┌────┴────┐            ┌────┴────┐
   │    │    │            │         │            │         │
  月   百   非            红        仙            蝴        大
  季   合   洲            掌        客            蝶        花
  无   无   菊            无        来            兰        蕙
  土   土   无            土        无            无        兰
  栽   栽   土            栽        土            栽        无
  培   培   栽            培        栽            培        土
           培                      培                      栽
                                                          培
```

本章实践与思考

（一）想一想

1.无土栽培花卉与土培花卉的差异有哪些？无土栽培花卉的优点有哪些？

2.针对不同花卉无土栽培育流程，以小组为单位讨论不同花卉的无土栽培管理要点是什么？并完成下表。

类别	无土栽培管理要点
月季	
百合	
非洲菊	
红掌	
仙客来	
蝴蝶兰	
大花蕙兰	

（二）做一做

以小组为单位，设计并试验一种花卉无土栽培培育步骤。

第三章 菌类无土栽培实践课程

第一节 平菇的养殖

了解、掌握基本的平菇无土养殖方法及技术。

图3-3-1-1

平菇也称侧耳、蚝菇、秀珍菇等，是担子菌门下伞菌目侧耳科一种，是相当常见的灰色食用菇。平菇含有多种维生素及矿物质，可以改善人体新陈代谢、增强体质等功能。袋装平菇有利于操控杂菌和害虫的损害，成功率高，下面就一起来学习袋装平菇的栽培技术。

【过程与实施】

1.培育配方准备

平菇的培育配方有多种选择，通常以棉籽壳和稻草为培育平菇的主料。可选择的配方有以下几种：

配方1：棉籽98%、石灰粉1%，石膏粉1%，pH值为6.5；

配方2：棉籽壳60%、稻草粉33%、石灰粉1%、石膏粉1%，pH值为6.5；

配方3：稻草粉80%、玉米粉或米糠18%、过磷酸钙1%、石灰粉1%，pH值为6.5。

2.拌料

按照以上配方将原材料进行配制后，放在干净的地方。按照基质材料：水=1：1.3～1.8的比例进行稀释。用工具充分搅拌均匀培养料，双手捧握培养料不滴水为标准，即可作为基质使用。

3.灭菌装袋

塑料袋用宽为22～25㎝的低压聚乙烯筒膜，裁成长约40～50㎝的塑料筒。将制好的培养料装入塑料筒内，压紧，两头套上纤维带环，在环口上盖上报纸，用橡皮筋箍好即可。将塑料袋放在一起进行蒸煮消毒，在100℃保持8～10小时高温消毒。

将经高温消毒过的塑料袋置于无尘、无蚊虫的通风处冷却。待料袋降至28℃左右即可开始接种。接种前，先用酒精、高锰酸钾对镊子进行消毒，然后用镊子从瓶内取出菌种，直接放进袋里。每个口内放入三块蚕豆大小的菌种，首选菌龄短、健壮无杂菌感染的菌种。注意接种时动作要快，不要开口说话，防止杂菌侵入。袋子pH值需控制在6.5～7.5之间。

4.菌丝培养

接种完，把料袋放在干净无尘的环境里，堆到一起培养菌丝。堆放料袋按照两行顺序排列，料袋顶层盖一层薄膜为菌丝保温。随时观察料袋温度，及时调换位置，温室温度控制在24℃左右，20～30天后，菌丝培养完成。

图3-3-1-2

5.出菇期管理

当菌丝布满培养料后，经5～10天，在合适的环境条件下，袋内会出现菌蕾。这时要及时解开袋口，外翻袋口露出菌蕾堆。

此时开始向地面喷水，室内空气相对湿度应保持在85～90%。喷水次数维持在一天2～3次。如果培养料过干或空气湿度偏低，都会引起幼菇枯萎。在栽培期间，要适当通风防止温度过高、湿度过大。在栽培期间还要注意透光，使栽培场地有散射光，是菇类子实体分化的重要条件。此外，每采完一茬菇之后，白天适当保温，夜间开窗降温，使栽培场所形成明显的温差，有利于菌丝体向子实体转化。

6.采收

平菇的整个生育期，从接种到第一批平菇采收，大约需要35～40天。菌蕾出现之后，经过5～10天即可采收。

采收方法：用刀子在菌柄紧贴养料处割下。

图3-3-1-3

每批平菇采收时，不论大小全部采完。每批平菇采收后，要将菌袋表面残留的死菇、菌柄清理干净，以防腐烂。停止喷水4～5天，随后适当喷水保持料面湿润，经过10天左右，料面再度长出菇蕾，仍按第一批平菇管理方法进行管理。

第二节　香菇的养殖

了解、掌握基本的香菇无土养殖方法及技术。

学习目标

图3-3-2-1

香菇又名花菇、香信、冬菇、香菌等，为侧耳科植物香蕈的子实体。香菇是世界第二大食用菌，也是我国特产之一。香菇素有"山珍之王"之称，是著名的食药兼用菌，其香味浓郁，营养丰富，含有18种氨基酸，7种为人体所必需。

【过程与实施】

1.培育配方准备

杨木屑79%、麦麸20%、石膏1%、多菌灵0.1%（50%可湿性粉剂）。木屑以半年以上陈木屑为好，麦麸一定要选用新鲜的，无霉变，无虫蛀。

2.拌料

将上述原材料秤好后，将木屑、麦麸、石膏混拌在一起，搅拌均匀，翻动4～5次。再将多菌灵和石灰放入水中，搅拌均匀后，用喷壶分别喷入干料中。一边浇水一边将料拌均匀，将培养料水分调至含水量为60%左右，用手捏紧料时，湿料成团，而且手指缝中有水珠出现，但不下淌时即可装袋。

3.灭菌装袋

香菇栽培可采用低压聚乙烯膜塑料袋，大袋规格25×55cm，中袋17～20×55cm。装料前，先将塑料袋放在一起蒸煮消毒，在100℃保持4～6小时高温消毒。消毒后，先将塑料袋一端封死，达到绝对不漏气为准。把搅拌均匀

图3-3-2-2

的培养料装入袋内，松紧适当。用手把着装好的料袋中央，没有松软感，两端没有下垂为宜。

4.接种方法

当料袋温度降到30℃时开始接种，接种时间最好在早晚进行。接种前，先用酒精、高锰酸钾对镊子进行消毒，然后用镊子从瓶内取出菌种，直接放在袋里。每个口内放入三块蚕豆大小的菌种，首选菌龄短、健壮无杂菌感染的菌种。注意接种时动作要快，不要开口说话，防止杂菌侵入。接种完的菌袋成"井"字形堆放，每堆5层。

5.菌丝培养

接种16～20天，在接种穴上扎10～20个深0.5～1.0cm的孔。每隔10天刺1次，逐渐加大加深。发菌室内应保持暗光，室温控制在25℃左右，空气相对湿度65～70%，使发菌室基本黑暗。适时开窗门进行通风换气，保持发菌室空气新鲜，接种后期结合翻堆检查1次，及时清除不良菌袋。

正常情况下，菌袋接种50～60天时，菌丝基本可长满袋，继续培养菌丝逐渐加浓，局部地方还会形成白点状的菌膜，接着基质表面开始发皱收缩，并分泌出浅黄色的液体，此时菌丝已基本成熟。

6.转色

等到袋子里菌丝都长好后，就会进入下一阶段，袋子表面会转入深褐色，此时袋子与菌丝融合成一个整体。

7.出菇管理

（1）催菇。菌袋经过转色期后，采用干湿交替的方法进行催菇，或把水高高浇下落到菌袋面上2～3次，即可产生大量的小菇。为保护菌袋，促进多产优质菇，必须疏去多余的菇蕾。

图3-3-2-3

（2）菌袋排放。将菌袋横排在架子上，袋距4cm左右。每层可排入大袋42～44个菌袋。

（3）变温催菇。棚内必须达到昼夜温差10℃以上，才能刺激菇蕾的形成。保持棚内的湿度85%。

8.采收

香菇长出来以后就可以进行采收工作。香菇采收时，要轻轻放在塑料筐中，不可挤压变形，然后清除香菇上的杂质，挑出残缺菇，剪去柄基，并根据菌盖大小、厚度、含水量多少进行分类，排放在竹席或苇席上，置于通风处。

第三节 金针菇的养殖

了解、基本掌握金针菇的无土养殖方法及技术。

学习目标

图3-3-3-1

金针菇别名朴蕈、绒毛柄金钱菌等。金针菇是秋冬与早春栽培的食用菌，以其营养丰富，味美适口，深受大众的喜爱。金针菇子实体一般比较小，多数成束生长，肉质柔软有弹性。金针菇人工栽培技术并不复杂，只要能控制好环境条件，就很容易获得稳定的产量。下面，我们一起来学习如何种植金针菇。

【过程与实施】

1.培育配方准备

配方1：棉籽壳40%，木屑30%，麸皮25%，玉米粉3%，碳酸钙1%，石膏1%。干料∶水=1∶1.4。

配方2：棉籽壳35%，木屑15%，玉米芯20%，麸皮25%，玉米粉3%，碳酸钙1%，石膏1%。干料∶水=1∶1.4。

2.拌料

按照上述配方要求先称好各种原料。在进行装袋步骤4～5小时前，用石灰水预湿棉籽壳和玉米芯。将预湿后的棉籽壳、玉米芯、木屑、麸皮放入搅拌机中搅拌20分钟，再将配置好的碳酸钙和石膏的水溶液不断加入料中，充分搅拌均匀，使培养料含水量达到62～65%，准备装袋。

3.灭菌装袋

采用规格为17～18㎝×35㎝的聚丙烯塑料袋进行装袋。装料量为每袋干料350～400g，料高15㎝左右。装袋标准：料面要平整，上紧下松，料中间打有接种

图3-3-3-2

孔，孔深为料的4/5，孔径粗2～2.5㎝。距离料面上方5㎝处套上套环，塞上棉花塞。

装袋后尽早装锅灭菌，从拌料装袋到进锅灭菌需控制在5小时以内。保持高压灭菌2～3小时，高温标准为126℃。灭菌后冷却至20℃左右即可接种。

4.接种方法

接种室提前一天需要进行空间消毒，保证空间消毒干净。挑选活力旺盛的菌丝，菌种量以盖满培养基表面，并有少量菌种掉进接种孔内为宜，这样即可加快菌丝生长，又能降低杂菌污染。

5.菌丝培养

把接种好的种植袋放置在金针菇专用恒温种植室中培养，培养室内的环境条件要求：温度18℃～20℃，空气相对湿度60～70%，避光培养，适时适量进行通风换气。经过25天左右，菌丝长满全袋。

当培养室内大部分菌袋的菌丝长满培养料时，开始逐渐降温催蕾。催蕾时的温度应调整为13℃～15℃，空气相对湿度调整为80～85%。经过7～10天培养基表面就会出现针状金针菇原基。

6.开袋再生

从培养架上挑选针状原基长到2～4㎝的种植袋，去掉棉花塞和套环，并分别放置。在距离料面2㎝左右处割掉料面上方多余的袋子，即为"开袋"。将开袋的种植袋转移至出菇房，摆放在架上进行枯萎、再生。出菇房的环境条件要求：温度为6～8℃，空气相对湿度为

图3-3-3-3

75～80%，间歇性弱散射光，注意通风换气。经过3～5天，枯萎的针状原基又会再生出无数更健壮的小菇蕾。

7.套袋与抑制

当再生菇蕾菌柄长度达到2～3㎝时，对其进行套袋。通常采用稍大一点的袋子进行套袋，一方面便于保证菇蕾数量，另一方面操作方便。套袋标准：袋口高于菇蕾1～2㎝，多余的袋子折叠于袋子底部。然后，将其转移至架子最上面两层，进行抑制。

（1）风抑制。菌柄长至2～3㎝左右时利用制冷机开始吹冷风，风速约

20cm/s，每天吹2～3小时，连续吹3天。

（2）光抑制。每间出菇房用20W的白炽灯4盏，每天开灯2～3小时，连续照3天，促使菌柄硬实、菇帽完整。

8.提袋

将经过风抑制和光抑制的菌袋转移至出菇房的下层培养架上。同时，适当提高袋口，利用底层CO_2浓度高的规律，促使菌柄快速伸长，该阶段分两次提袋较好。

9.病虫害防治

危害金针菇的杂菌较多，如：链孢霉、青霉等。适宜的温湿度和洁净的卫生条件可以有效防治金针菇病害的发生，虫害以预防为主。应当始终坚持生态防治为主，药物防治为辅的原则。

10.采收

当子实体长至13～15㎝，菌盖1㎝左右时及时采收。采收方法：用手握住菌柄轻轻一掰，即可连老菌柄一起采下。采收前2～3天将出菇房的空气相对湿度控制为80～85%。

图3-3-3-4

本章知识小结

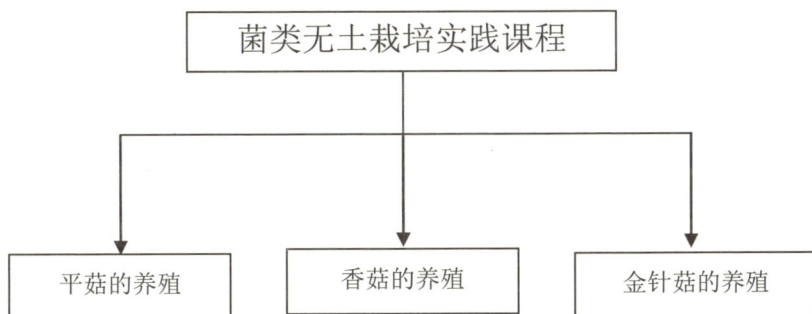

```
          ┌──────────────────────┐
          │   菌类无土栽培实践课程   │
          └──────────────────────┘
                      │
       ┌──────────────┼──────────────┐
       ↓              ↓              ↓
  ┌─────────┐   ┌─────────┐   ┌─────────┐
  │ 平菇的养殖 │   │ 香菇的养殖 │   │ 金针菇的养殖 │
  └─────────┘   └─────────┘   └─────────┘
```

本章实践与思考

（一）想一想

1.简述食用菌类无土养殖的过程。

2.简述食用菌类无土养殖的管理要点。

（二）做一做

1.查阅食用菌类无土养殖相关资料，分组制定食用菌类无土养殖实施方案。

2.实施方案形成PPT文件并进行汇报。

3.动手操作实施一种食用菌类的无土养殖。

第四篇 拓展课程
——润泽生命

内容概要

⟹ 无土栽培与生活

⟹ 无土栽培与健康

⟹ 无土栽培与修养

生命是鲜活的，需要水与养分的润泽才能健康成长。人如此，植物亦然。人与植物之间，相互依存又相互促进，共荣共生，旺盛繁茂。植物，不只影响着人的生存环境，也娱悦着人的眼睛与心灵；而人，也影响着植物的生存空间、种类与繁衍。

第一章 无土栽培与生活

1.了解无土栽培与生活的关系。

2.了解无土栽培与绿色饮食的关系以及无土栽培蔬菜瓜果的优势。

3.了解如何利用无土栽培种植花卉绿植，装点居室，美化环境。

学习目标

生活方式与生态环境问题息息相关，表现为人及家庭的日常生活直接或间接对环境、资源产生的影响。益于地球、益于人类的绿色生活方式其实离我们很近，从理念到行动的简约、环保低碳、无土栽培技术都是践行绿色生活的方式之一。通过我们每个人的生活方式绿色化来实现社会生活方式的绿色化，是解决生态环境问题和人类可持续发展问题的一把金钥匙。

第一节 无土栽培与舌尖美食

在当今世界，人们开始重视健康与饮食，对新鲜食品的需求也在迅速增长。在中华五千年的历史进程中，人们历来重视饮食文化，从黄帝时期的烹谷为粥，到商周时期的烹调药膳煮食，一直到现在的均衡饮食、生态饮食，生活方式经历了很多变革。

常言道：国以民为本，民以食为天，食以安为先。根据马斯洛需求理论指出，食品是人类赖以生存和发展的最基本的物质条件，食品安全直接关系着我们每一个人的身体健康和生命安全。近年来，伴随着我国经济的快速发展，人民生活水平不断提高，食品市场呈现空前繁荣，食品安全问题也随之而来。在蔬菜种植过程中、食品生产过程中一些不法商家为了追求经济利益而忽视了蔬菜的品质，肆意地喷洒农药、添加激素或涂抹催熟剂等现象，让人们越来越关注食品安全问题。而无土栽培种植技术打破了传统的土壤种植观念，提出了人工改善种植条件、配比种植营养等的规模化、机械化的种植生产模式，进一步解放了劳动力，也为我们发展可持续生活方式提供了可能性。

当你还在享受着油炸食品带给你的愉悦感时，你可知道，常吃的油炸类、腌制类、烧烤类等食品会导致很多疾病的发生，严重影响人体所需营养摄入。不同的食物可以提供不同的营养，我们必须重视饮食营养均衡对健康的作用，为了平衡膳食、绿色饮食，平时我们要多吃绿色无公害的蔬菜瓜果，而现在市场上所推出的利用无土栽培技术种植的蔬菜瓜果恰好能满足大家对环保健康的需求。

一、无土栽培蔬菜的优势

1.减少健康风险

传统农业中使用的工业杀虫剂、农药对人体健康有害，而且在食物烹调过程中也会有少许农药残留，这些成分是造成很多疾病的元凶。美国环境保护局（EPA）对目前市场上使用的农药进行了研究，结果显示60%的除草剂、90%的杀菌剂和30%的杀虫剂都有引发癌症的潜在危险。无土栽培的蔬菜把这些农药和化学物质排除在我们的食物之外，不仅对消费者更健康，也减少了暴露在化学药剂和人工杀虫剂中的农民的健康风险。

2.产品质量好

利用无土栽培技术种植蔬菜瓜果可以人为调节农作物生长时所需的光、温、水、气、肥等环境条件，充分发挥农作物生产潜力。与普通土培相比，叶菜类蔬菜，像生菜、莴苣这样的叶菜，人们会生食，这就需要产品鲜嫩、洁净、无污染。土培的蔬菜容易受到环境污染，虫害的侵害，并且蔬菜本身沾有泥土，不容易清洗，而无土栽培种植出的蔬菜色泽鲜嫩，品质会更好，人们吃起来也更健康。

3.富含更多营养

在无土栽培配套设施中，人为调配营养液种植的蔬菜和水果，更符合蔬菜和水果生长的养分需求，能更精准、更合理、更有效地为蔬菜瓜果提供养分，而且与传统土培种植相比，无土栽培的蔬菜瓜果更富含人体所需的维生素、矿物质及其他营养成分。

二、多彩多样的舌尖美食

随着人们对食品品质要求的提高以及安全意识的加强，无土栽培技术种植的蔬菜和水果已经融入我们的日常生活中，成为我们饮食的一部分。健康均衡的饮食方式对于现代人来说十分重要，沙拉已经成为我们日常流行食物之一。

图4-1-1-1

图4-1-1-2

例如上面这款宜家所制作的沙拉，其原料都来自无土栽培作物，沙拉里的这些绿色蔬菜就是利用水培无土栽培技术种植的，它们生长在含有完美营养素的水中，并且每一份沙拉都配有自制的调料，由无土栽培技术种植的罗勒、龙蒿和柠檬草制成，看到这样色彩斑斓的沙拉，你是不是也想尝一尝？

利用水培技术种植的空心菜生熟皆宜、荤素俱佳，既可以旺火快炒，也适用凉拌等方法避免营养流失。空心菜以嫩茎、嫩叶供食用。空心菜配以鸡蛋、鸭蛋、鱼类或豆腐之类的豆制品，也能做出很多美味佳肴。

不同于以往高糖、高脂肪、低营养的冰淇淋、饼干、蛋糕等甜品，同学们可以尝试一下这款既能满足你对甜食的喜爱，又不会让你发胖的健康低脂甜品——酸奶

图4-1-1-3

水果捞。利用无土栽培技术种植出的新鲜水果，配以原味酸奶，并随心加入自己喜爱的坚果、谷物等，就能做出美味、低脂的健康甜品。

现在，随着人们对无公害无污染的蔬菜、水果需求逐年增加，随吃随收、健康绿色的蔬菜瓜果有无土栽培技术的支持，变得没有什么不可能。与此同时，无土栽培技术也能让绿色无公害的蔬菜瓜果从农场到餐桌的梦想变得更简单。

第二节 无土栽培与家庭园艺

随着现代化城乡的发展，高楼林立，道路纵横，地面空间逐渐减少，越来越多的人们渴望亲近大自然、想要美化住宅环境、想要在家里呼吸到更多的新鲜空气。因此，家庭园艺的兴起受到越来越多人的关注，选择小型无土栽培装置，在自家的阳台、楼顶、庭院、居室等空间种菜养花，既有娱乐性，又有一定的观赏和食用价值，便于操作，洁净卫生，美化环境。为了使大家更好地了解家庭园艺，学会利用无土栽培种植花卉绿植，美化自己的生活环境，下面简单介绍一些有关家庭园艺的应用措施。

一、室内装饰

目前，不少家庭居住条件有限，在这"寸土寸金"之地，利用无土栽培种植的观赏性花卉进行装饰，可以充分利用室内空间，弥补平面用地的不足。我们可以选择利用吊盆、吊篮、壁挂和花柱等装饰手段，把花卉绿植点缀到既醒目又恰当的位置上，充分发挥室内植物的装饰作用和艺术观赏效果。这样，虽身居斗室，也能心旷神怡。

1.客厅

客厅的主要功能是会客，也是家人相聚和交流的场所。客厅内陈设的植物宜株型端庄而舒展，色彩以暖色为主。可摆放观叶的龟背竹、绿萝等植物，以及有吉祥寓意的植物，如寓意贵客临门的仙客来、热情迎客的迎客松等。在数量和株形尺寸上，布置客厅的植物可以比其他房间的植物相对多和大一些，形式上可以更多样化，布置上可采取高处挂、台上摆、地上放的立体配置方法，让人从不同角度都能领略到舒心惬意的自然风采，但也不宜过多，否则会显得零乱。

图4-1-2-1

2.阳台

阳台的主要功能是让使用者能够更好地感受新鲜的阳光，呼吸清新空气，而在这种惬意的环境下，利用无土栽培技术，设置一个小型阳台菜园，不仅可以体验亲手种植蔬菜瓜果的乐趣，还可以随吃随摘，供家人品尝，是一件非常有趣的事情，同时还能使我们的生活变得丰富多彩。

图4-1-2-2

3.书房

书房中布置的植物有益于烘托清静幽雅的气氛。自古以来人们推崇的一些名花佳卉，如梅、兰、竹、菊或者一些色彩清爽淡雅、散发清香的植物都可以摆在书房，以此来美化居室。

图4-1-2-3

4.餐厅

餐厅里的植物能让人感到环境的清新可人，饭菜的丰盛美味，以达到增进食欲的目的。所选植物应尽可能清爽洁净，无病斑，品种以小型的观花植物为好。餐桌植物宜低矮小巧，以不遮挡视线、不占据过大面积为好。

5.厨房

厨房的环境应清洁卫生，在其中陈设植物也应本着同样的标准。厨房易产生油烟，因此，摆放的植物还需有一定抗污染能力，如芦荟、万年青等。

6.卫生间

卫生间的植物应选择能够耐阴湿，叶面柔软、无毛、无刺的种类，也可选择一些耐阴且具香味的植物，可以改善卫生间的气味。

7.卧室

卧室是休息的地方，可以选择一些常绿观叶植物进行布置，如芦荟、仙人球、文竹、万年青、龟背竹、吊兰、白掌，这些植物可以吸收过滤有毒气体、净化空气，并且对光线要求不高，很适合在卧室的摆放。

图4-1-2-4

二、装饰要点

选择好了场地，就要选择合适的植物来进行装饰。挑选合适的花卉绿植需要考虑其品种是否能够生长在室内特定环境中，选择适合的大小和株形，以及选择适合的种植和栽培形式，使花卉在正常生长的前提下，能与周围环境协调，从而起到美化居室，烘托宜人氛围的目的。因此，必须综合考虑花卉植物的生态习性、观赏特性以及居室的环境条件等各方面因素，方能选出适宜的植物。例如，南向居室，宜选择喜光耐高温的茉莉、米兰等木本花卉和仙人球等多肉植物。北向居室，光照较少，温度较低，宜选用吊兰、龟背竹、万年青等观叶花卉。东西向居室，日照时间短，可选择耐半阴花卉，如文竹、杜鹃等。即使同一方向的房间，也要因光照条件不同，注意选择不同种类的花卉。例如，南向居室，在靠近窗户的地方，宜摆放喜光观花植物和变叶木、金边虎尾兰、空气凤梨等观叶植物，而在光线较阴暗的角落，宜选用棕竹、绿萝等耐阴植物。具体装饰时要注意掌握以下几点：

1.选择植物的株型大小要与房间大小相协调。大的房间宜配置植物株型较大的观赏植物，给人以端庄大方的感受。小的房间配置的植物宜小一些，给人以玲珑精巧的印象。

2.装饰植物时，要考虑植株色彩与室内墙面及家具颜色是否相协调。室内墙面颜色若为深色，宜配以淡色叶片的观叶植物。室内墙面颜色如是浅淡色，宜配深一些的观叶植物。植物的色彩与家具的色调也要有一定对比度和相对调和度，例如，红色花卉不宜摆放在深色调的家具上，黄色花卉或带有金色花纹点的观叶植物不宜摆放在黄色或淡黄色的柜子上。总之，色彩的对比要讲究艺术观赏效果。

3.不同造型的家具和不同风姿的植物摆放位置要相宜。组合柜、书柜、大衣柜、高脚花架等视觉较大较高的家具上，宜装饰些茎蔓枝叶向下悬垂的盆栽植物，如吊兰、绿萝、紫竹梅、花叶常春藤等，使其枝叶溢盆垂吊、飘洒摇曳，增加装饰效果。茶几、书桌、案头柜等较矮的家具上，宜摆放些玲珑精巧、枝叶向上生长的植物，如仙客来、文竹等。这样整个居室布置才能显示出高低有序、错落有致的艺术美感。

4.不同品种的观叶植物要与配置地点相适应。室内绿化装饰手法一般可归纳为三个方面，即：平面——摆盆；空间——吊盆；立面——壁挂盆等。大中型观叶植物，常摆放在角隅、沙发旁，既消除了死角，又使室内呈现一派壮观堂皇的气派。中小型观叶植物，如万年青、空气凤梨类观赏性植物等，宜放置在几架、台座或家具上，既扩大了视角，又显示出观赏植物的自然美。小型或攀缘类观赏植物，如观赏蕨、绿萝、化叶常春藤等，常悬挂在窗前或墙壁上，可以产生立体装饰的艺术效果。

5.室内装饰植物数量要适当。花卉配置要"细而精"，避免粗放零乱，拥杂无章。一般家庭居室，养上3～5盆不同品种的观赏植物即可。

如今，家庭园艺和无土栽培的有机结合成为了人们最受欢迎的生活方式之一，既可以丰富日常生活，又可以让大家在闲暇时间惬意且舒适，生活中处处充满绿色生机。随着无土栽培技术的出现，家庭园艺会让我们的生活更加舒适。

本章知识小结

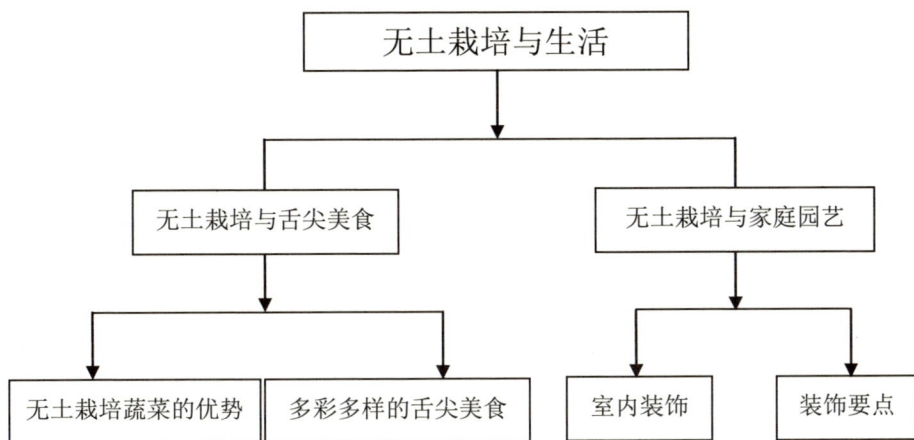

```
                    ┌─────────────────────┐
                    │    无土栽培与生活    │
                    └──────────┬──────────┘
              ┌────────────────┴────────────────┐
    ┌───────────────────┐          ┌───────────────────┐
    │  无土栽培与舌尖美食  │          │  无土栽培与家庭园艺  │
    └─────────┬─────────┘          └─────────┬─────────┘
       ┌──────┴──────┐               ┌───────┴───────┐
┌──────────────┐ ┌──────────────┐ ┌──────────┐ ┌──────────┐
│ 无土栽培蔬菜的优势 │ │ 多彩多样的舌尖美食 │ │ 室内装饰 │ │ 装饰要点 │
└──────────────┘ └──────────────┘ └──────────┘ └──────────┘
```

本章实践活动

请通过查找资料、走访花店、咨询专业人士等方法收集资料，找出十种适宜家庭种植的花卉，填写下面表格。

花卉名称	花卉的家居属性		特点描述	图片
	功能性	装饰性		

思考与探究

1.请制作一段视频，讲一讲你所理解的无土栽培与生活的关系。

2.通过所学知识，利用无土栽培技术种植花卉绿植，为自己家里的阳台布置一处小型景观，并拍照记录。

第二章 无土栽培与健康

1.无土栽培技术与生活之间的联系。
2.不同的色彩产生不同的心理作用和对人们的感情影响。
3.宠物与人心理需要的关系及植物宠物。

学习目标

　　绿色，是大自然的基色，令人赏心悦目又心旷神怡，它也是生命的象征。每每看见那一片天然的绿色，就仿佛看见了朝气蓬勃的生命向我们走来，对日日穿梭在钢筋水泥丛林里的我们而言，都市里的绿色植物宛如书写在庸常生活里的诗行那般弥足珍贵。无土栽培技术的发展，不但让我们眼中的绿色随处可见，而且还绿化了我们的生活，更有利于我们的身心健康。

第一节　无土栽培与健康生活

一、随吃随收，健康绿色

　　近年来，随着经济水平的提高，人们对食品安全越来越重视，怎么才能吃到健康、安全、放心的蔬菜成为很多人关注的问题。蔬菜是我们餐桌上非常常见的食物，而相对与叶菜类一般食用植物的茎叶，像生菜、莴苣这样的叶菜，人们会生食，这就要求产品鲜嫩、洁净、无污染。土培蔬菜容易受环境的污染，并且沾有泥土，清洗不方便。而水培叶菜类蔬菜种植不受自然条件限制，通过培养容器的高效组合，可以充分利用居室内空间来种植，蔬菜随吃随收，比土培叶菜质量好，且洁净、鲜嫩、口感好、品质上乘，所有的生产因素都在人为控制之下，避免了各种潜在的直接和间接的污染。

图4-2-1-1

二、净化空气，美化环境

植物通过光合作用，吸入二氧化碳，并释放出氧气，可以对室内空气进行净化，如吊兰、芦荟、虎尾兰能大量吸收室内甲醛等污染物质，消除并防止室内空气污染，保持空气清新。有的花香还具有很强的杀菌作用，如茉莉、丁香、金银花、牵牛花等花卉分泌出来的杀菌素能够杀死空气中的某些细菌，抑制结核、痢疾病原体和伤寒病菌的发生，保持室内空气清洁卫生，在一定程度上预防传染病。还有些花卉具有"互补"功能。大多数花卉白天主要进行光合作用，吸收二氧化碳，释放出氧气。夜间进行呼吸作用，吸收氧气，释放二氧化碳。但仙人掌类则恰好相反，白天释放二氧化碳，夜间则吸收二氧化碳，释放出氧气。将有"互补"功能的花卉养于一室，既可使二者互惠互利，又可平衡室内氧气和二氧化碳的含量，保持室内空气清新。

夏季植物可以吸收太阳辐射，有效降低室内温度，也可通过蒸腾作用来调节室内空气湿度。室内植物吸收水分后，经叶片的蒸腾作用向空气中散失，可起到增加

图4-2-1-2

空气湿度、降低温度的作用。

三、改善睡眠，益于健康

图4-2-1-3

虽然现在人们的物质条件越来越好了，但生活上的压力也逐渐变大，导致现在失眠的人群越来越普遍，可以说，失眠已经成为现代人最常见的病症之一。针对失眠有人直接去医院找医生，有人采取睡觉前吃一些助眠的水果，如橘子、橙子等，有人利用冥想放松身体肌肉的方法提升睡眠质量，有人通过睡觉之前多按摩自己的头部和足部达到释放压力来提高睡眠质量，还有人在自己卧室放置几盆无土栽培的花卉来改善睡眠。如，虎皮兰、芦荟等。

虎皮兰　肉质茎跟其他植物不一样，白天关闭、夜间打开。在人们睡觉的时候，吸收二氧化碳，释放氧气，提高室内的含氧量，增加负离子数量，保证人体能够正常呼吸和睡眠，对人体健康非常有益。虎皮兰还能清除甲醛、苯、三氯乙烯、重金属微粒等有害物质，15平方米左右的卧室，摆放2～3盆虎皮兰，就能吸收80%左右的有毒气体。

图4-2-1-4

芦荟　翠绿的颜色，让人身心放松心情愉悦，而且晚上还能吸收空气中的污浊，使睡眠环境更加洁净，提高空气品质，让家人休息得更好。芦荟也是空气净化的全能选手，能够吸收空气中的二氧化硫、一氧化碳及甲醛等有害气体，还能杀灭空气中的无益微生物。

第二节　无土栽培与心理健康

色彩是透过眼、脑和生活经验所产生的一种对光的视觉效应。不同的色彩可以产生不同的心理作用，直接影响人们的感情。面对丰富多彩的颜色，有人喜欢红色，有人喜欢白色，有人喜欢黑色……这既是一种爱好，也是一种心理反应。

一、色彩视觉

1.色彩的冷、暖感

色彩本身并无冷暖的温度差别，是视觉色彩引起人们对冷暖感觉的心理联想。

暖色：人们见到红、红橙、橙、黄橙、红紫等颜色后，马上联想到太阳、火焰、热血等物象，产生温暖、热烈、危险等感觉。

冷色：人们见到蓝、蓝紫、蓝绿等颜色后，则容易联想到太空、冰雪、海洋等物象，产生寒冷、理智、平静等感觉。

色彩的冷暖感觉，不仅表现在固定的色相上，而且在比较中还会显示其相对的倾向性。如同样表现天空的霞光，用玫红画早霞那种清新而偏冷的色彩，感觉很恰当，而描绘晚霞则需要暖感强的大红色。但如与橙色对比，前面两色又都加强了寒感倾向。

中性色：绿色和紫色是中性色。黄绿、蓝、蓝绿等色，使人联想到草、树等植物，产生青春、生命、和平等感觉。紫、蓝紫等色使人联想到花卉、水晶等稀贵物品，故易产生高贵、神秘的感觉。至于黄色，一般被认为是暖色，因为它使人联想起阳光、光明等，但也有人视它为中性色，当然同属黄色相，柠檬黄显然偏冷，而中黄则感觉偏暖。

2.色彩的华丽、质朴感

明度高、纯度高的色彩，色彩感觉华丽、辉煌。明度低、纯度低的色彩，单纯、弱对比的色彩感觉质朴、古雅。但无论何种色彩，如果带上光泽，都能获得华丽的效果。

3.色彩的活泼、庄重感

暖色、高纯度色、丰富多彩色、强对比色感觉跳跃、活泼有朝气，冷色、低纯度色、低明度色感觉庄重、严肃。

4.色彩的兴奋与沉静感

红、橙、黄等鲜艳而明亮的色彩给人以兴奋感，蓝、蓝绿、蓝紫等色使人感到沉着、平静。绿和紫为中性色，没有这种感觉。纯度的关系也很大，高纯度色兴奋感，低纯度色沉静感。

二、色彩表现特征

1.红色

红色的波长最长，穿透力强，感知度高。它易使人联想起太阳、火焰、热血、花卉等，感觉温暖、兴奋、活泼、热情、积极、希望、忠诚、健康、充实、饱满、幸福等向上的倾向。

2.橙色

橙与红同属暖色，具有红与黄之间的色性，它使人联想起火焰、灯光、霞光、水果等物象，是最温暖、响亮的色彩。感觉活泼、华丽、辉煌、跃动、炽热、温情、甜蜜、愉快、幸福等。

3.黄色

黄色是所有色相中明度极高的色彩，具有轻快、光辉、透明、活泼、光明、辉煌、希望、健康等印象。

4.绿色

在大自然中，除了天空和江河、海洋，绿色所占的面积最大，草、叶植物，几乎到处可见，它象征生命、青春、和平、安详、新鲜等。绿色最适应人眼的注视，有消除疲劳、调节功能。

5.蓝色

与红、橙色相反，是典型的寒色，表示沉静、冷淡、理智、高深、透明等含义。

6.紫色

具有神秘、高贵、优美、庄重、奢华的气质。红紫或蓝紫色，却有着类似太空、宇宙色彩的幽雅、神秘之时代感，为现代生活所广泛采用。

7.黑色

黑色为无色相无纯度之色。往往给人感觉沉静、神秘、严肃、庄重、含蓄。黑色的组合适应性极广，无论什么色彩特别是鲜艳的纯色与其相配，都能取得赏心悦目的良好效果。但是黑色不能大面积使用，否则，不但其魅力大大减弱，相反会产生压抑、阴沉的恐怖感。

8.白色

白色给人印象中洁净、光明、纯真、清白、朴素、卫生、恬静等。

三、色彩对人的作用

1.色彩对人生理、心理的作用

色彩对人的影响，包括对人的生理和心理的影响两部分。色彩的视觉感觉是通过眼、脑作用而获得的属于生理现象，但是这种生理作用逐步冲击到人的心理并不知不觉地作用于人的心理。由于人们对色彩的认识和应用有别，不同的色彩对人的生理和心理会产生不同的反应。研究发现，当人眼注视彩色图片时，其脉搏、呼吸、脑电波等均会因色彩的不同而出现不同的变化。如红色会让人兴奋或警觉，脉搏跳动加快呼吸急促；蓝色则让人平静，脉搏跳动减慢，呼吸减慢，脑电波呈现冷静和放松状态。在改善人的情绪方面，绿色空间对人的视觉心理和知觉心理有着积极的意义和不可忽略的价值。心理学家认为，绿色是最平静的颜色，能使精疲力竭的人感到宁静，而当人们看到红、橙、黄色时，在心理上就会联想到给人温暖的火光和阳光的色彩。

2.色彩对人的保健、康复作用

色彩对人除了有一定的生理、心理作用外，还有一定的保健、康复作用。红色可刺激神经系统增加肾上腺素分泌和促进血液循环；橙黄色有助于克服疲劳和抑郁，并能消除及改善紧张、犹豫、惊恐和害怕的情绪；黄色可提高人的警觉，有助于集中注意力，加强逻辑思维，增强记忆力，对肝病患者也有一定的疗效；绿色有助于消化和缓解眼睛疲劳，并能起到镇静作用，对好动及身心压抑者有益；自然的绿色对昏厥、疲劳和消极情绪均有一定的克服作用；蓝色具有降低脉搏和血压，稳定呼吸、平心静气等作用，还能调节体内平衡，有助于克服失眠；紫色可刺激组织生长，有助于消除偏头痛等疾病。

四、植物色彩对人的影响

1.植物色彩对人生理的影响

许多研究发现，植物色彩具有舒缓疲劳使人平静的效应。日本东京农业大学的测试发现，长时间使用电脑者若能经常注视绿色植物，可以达到消除视力疲劳的作用。这与绿色有助于缓解眼睛疲劳的理论是一致的。研究发现，室内绿色植物可以使工作者的脑波和精神生理状况得到有效的恢复，减少眼睛疲劳、肩膀僵硬和背部疼痛，并且帮助人们缓解工作压力，说明绿色植物能够创造一种相对轻松愉悦的居室环境，有益于人的身心健康。有关研究还发现，植物色彩对病人的康复起着积极、有效的促进作用。曾报道有的医院在餐厅桌上摆放黄菊花，能够促进长期住院的精神病患者的食欲，相比住在窗外为灰色硬质建筑景观的病房中的病人康复效果更好。同时证实绿色植物所营造的轻松愉快的氛围能够让病人心情放松，增强战胜疾病的信心。有人发现阑尾炎手术康复期的病人在看到室内摆放的绿色植物后心脏收缩压和心率下降，疼痛、焦虑和疲劳感减少，对病房的环境也感到更加满意。

植物色彩对办公环境的改善作用也引起了许多学者的关注。通过实验发现，室内绿色植物或窗外绿色风景能够使工作者心率和心脏收缩压显著下降，并使人的注意力更集中，从而提高工作效率，人在拥有植物的环境中也更加感到轻松和满意。

2.植物色彩对人心理反应的影响

植物色彩对人的心理反应和情绪波动有着很大的影响。心理学家研究指出，大自然的绿色在人视野中占到25%时，人的精神尤为舒适心理活动也会处于最佳状态。许多研究证实植物色彩具有改善人的心情、调节情绪的作用。环境中的花色富于变化，不仅能起到好的装饰效果，同时会使人的心情变得愉悦。有人发现将康乃馨、菊花和月季中比较少见的蓝色花品种用于室内装饰可以使人们精力集中。蓝色花能有效地提高环境的美感，并使人感到心情平静，黄色花自然清新的特点，也能让人拥有愉快的心情。

植物色彩通常还会通过调节人们的心情，进而影响人的学习和工作状态。有人通过实验证实，植物对人完成创造性的任务有着积极的影响。当直接看到植物时，人的心情处于最佳状态，学习效率也得到显著提高。人们在观看拥有绿色植物的室内环境图片时，紧张程度和焦虑感下降，情绪更加稳定，说明拥有绿色植物的办公环境对人的心理有更积极的影响，另一方面处于绿色植物环境中的人们幸福感更强烈。所有人都更喜欢既有室内植物又有窗景的办公环境，在这种环境下工作的人对自己的工作、工作表现和生活更满意，更有幸福感。

五、花卉颜色对人类健康的影响

1.花卉色彩对人们的心理与生理的影响

现在的社会讲究环保和自然，于是各色各样的花卉自然成了不可或缺的点缀。缤纷绚烂的色彩，人们也许只知道它们可以美化大自然，却没想到其实这些花的颜色对人们的心理与生理都会有很大的影响。据科学家观察，各种颜色映入人的眼帘后，由视神经传到大脑神经中枢，就会产生各种不同的影响，留给人们不一样的感受。像白色使人冷静，红色使人热情兴奋，绿色让人倍感清凉爽快，黑色则容易让人安静和入睡。人们根据颜色的兴奋与安静两种特点把颜色分为暖色和冷色，如红、橙、黄等颜色让人心情兴奋愉快、乐于活动，从而促进人体新陈代谢的就是暖色；而像绿、蓝、青、紫等颜色让人心情趋向安静、安闲、静谧的色调称为冷色。

2.花卉色彩对人们的健康和长寿的影响

绿色：是一种对人类健康最为有益的植物色彩。绿叶能吸收强光中对眼睛有害的紫外线，绿色物体可反射47%的自然界光线。视力错花的老年人多看看青绿之色，有助于消除神经紧张和视力疲劳。同时，医学家还发现，幽静的绿色环境能使人紧张的中枢神经松弛，有利于改善和调节机体各种功能，并可使人体皮肤温度降低1～2度，脉搏每分钟平均减少4～8次，呼吸慢而均匀，血压稳定，心脏负担减轻，精神舒适，这对于冠心病、高血压病人以及积劳日久、人体各器官处于退化的老年人是大有裨益的。例如：绿萝、常春藤等。

图4-2-2-1

淡蓝色：近代医学家的研究表明，淡蓝色能使病人的紧张心理得到缓解，并能调节体温，使高热病人体温下降。例如：绣球花。

紫色：紫色能使人们精神得到安慰，可使孕妇感到安定，并有镇痛作用；赫石色可使低血压者血压回升，对低血压病人有利。例如：薰衣草。

蓝色和白色：这两种颜色能使血压降低，是治疗高血压病的无形药物。例如：勿忘我、百合。

红色：红色可刺激和兴奋神经，促进机体血液循环，有助于增强食欲，振奋意志。例如：玫瑰、郁金香。

黄色和橙黄色：这两种颜色可以刺激胃口，增强食欲。例如：菊花。

因此，家庭和工作环境种植树木花草，应选择一年四季不同的花色品种进行科学地搭配栽植，从而达到既美化环境，又有助于防治疾病、益寿延年的目的。

六、园艺疗法

20世纪70年代的前苏联和德国曾用"园艺疗法"治疗老年高血压、抑郁症和失眠症，让他们敞开胸怀，欣赏、享受花卉的五彩缤纷和醉人的芳香，所患疾病则不知不觉地云消雾散。许多花卉还可以入药，不少花粉本身便是良药。如白兰花、菊花、茉莉花等，具有清热解毒、安神促智的功效；金银花、腊梅等，具有生津止渴、化痰止咳的作用；虎刺梅、龙吐球、一品红、扶桑等，具有消肿去毒、散瘀止痛的功效，可用于跌打损伤、烫伤烧伤等；油菜花粉抗辐射功能强；苹果花粉则可预防心肌梗塞，尤其具有健脑益智功能；洋槐花粉是治疗胃病及失眠的良药。

近年来，人们发现，花粉不仅可以治病，而且对增强人的体质，功效更为明显。根据研究，花粉中含有人体必需的22种氨基酸中的21种，另外，维生素、微量元素等人体健康所需的各种营养素的含量更不在少数，由此，花粉受到人们的青睐。现在，人们将各种花卉进行精加工，提炼出各种高级花粉，是高级滋补品，对提高人的体质，增强抵抗力有重要意义。人们在追求不仅要吃饱、吃好时，还要吃得健康养生，要吃得有品位，花卉在餐桌上的出现解决了这个问题，它也丰富了人们的生活。

图4-2-2-2

七、植物宠物

谈到宠物，人们通常会联想到猫、鱼、鸟等许多小动物。但是在最近的宠物市场上新出现了例如水晶虾、蜥蜴、变色龙、蛇、蜘蛛、蜈蚣、仓鼠、土拨鼠、刺猬等与我们日常生活中或惯常思维所理解的宠物不一样的"另类宠物"。另外，在网络世界中也有一些虚拟网络宠物出现，不断满足着人们饲养宠物的需要。日常生活的丰富多彩，人们对新事物的不断追求，使得各种各样的个性宠物不断出现，这远远超出了我们所习惯理解的"宠物"的概念。词典对宠物的解释也很难完全涵盖不断变化的日常生活中出现的一些新事物、新现象。植物宠物是现代人对富有生命力与启迪意义植物的爱称,特别是指那些能随时带在人们身边,或在居室中时常欣赏到、感受到的植物。富有生命力的植物宠物,对缓解现代人精神压力,完善社会个体的不健全心理均有极好疗效。当前经过高科技培植的植物宠物,不仅在外形上更加优美昂扬,在种植方式上也一改土栽盆栽的传统方法,开始采用透明营养的水晶泥、营养液等基质,甚至很多植物实现了盆上花姿婆娑、盆下鱼儿畅游的活泼景象,其造型独特,是当前众多家庭与办公室人员争相采购的家居布置用品。

人们为什么喜欢宠物?宠物满足了人们什么心理需要呢?

1.人们需要"接触性安慰"

心理学家哈洛提出了"接触性安慰"的概念。即年幼的哺乳类动物想跟自己的母亲有身体接触的需求。当妈妈不在时,年幼的哺乳动物会设法寻找感觉最像母亲的东西。以恒河猴实验为例,哈洛把新生的婴猴单独放到笼子里,笼子里有两个替代性妈妈:一个铁丝妈妈,一个软布妈妈。铁丝妈妈是用铁丝网做成,胸前挂着奶瓶;软布妈妈是用泡沫和毛圈织物做成,胸前没有奶瓶。研究发现,当婴猴饿了时,会去找铁丝妈妈,但其他时候,会一直黏着、攀着软布妈妈。在整个实验中,婴猴趴在软布妈妈身上超过22小时,在铁丝妈妈身上没超过1小时。心理学家得出结论,接触性安慰对婴猴来说很重要。虽然这个实验的对象是猴子,但许多心理学家认为,它对人类婴儿同样适用。正如我们当中很多人都喜欢毛茸茸的小动物,喜欢和动物拥抱,可能正如哈洛所说,它们满足了我们对于接触性安慰的需要,抱着它们,会让人感到安全,温暖。

2.与宠物的互动,会促进催产素的分泌

日本麻布大学研究发现,狗与主人在借由眼神、触碰等彼此接触后,确实会因此提高彼此的亲密感,并刺激人体内催产素的分泌。研究人员让30组狗与主人在房间内游玩30分钟后,采集尿液检验催产素的浓度。结果发现,长时间接触下来,狗与它们的主人的催产素浓度都有所上升,尤其是主人的催产素浓度增加了3倍。催产素是一种哺乳动物激素,对女性而言,它能在分娩时引发子宫收缩,刺激乳汁排出。而催产素在男性体内也会存在。研究发现当父亲与孩子玩耍时,该激素水平会升高。体内催产素水平越高,父亲越会抽更多时间陪孩子玩,而且表现出更多的爱心。与宠物互动分泌的催产素，能让人感到开心，压力得到舒缓，产生归属感。我想，这也许是为什么很多事例证明，狗狗能帮助人走出抑郁症的原因之一吧。

3.宠物能与人产生类似"亲子"的连接

有动物学家推测，我们之所以会喜欢幼猫和幼狗，可能有一个很重要的原因，它们都有着圆圆的脸、大大的眼睛和小鼻子，这样的面孔让人想起了人类自身的后代——婴儿。婴儿能够激发人类内心深处某种非常原始的情感，让人们想要保护它。人们看到幼猫和幼狗时，就像看到婴儿一样，大脑都会分泌让人感觉良好的多巴胺，使得人们的态度变得友好、温柔。动物学家认为，小动物和婴儿长得可爱，从而让我们想要照顾他们，这是人类哺育的本能，也是生物生存进化的一种需要。在亲子关系中，婴儿会在与环境互动时把妈妈当作"安全基地"，跌倒或受挫了会回到妈妈身边寻求安慰；在得到了安慰后，他们又再出去进行探索。维也纳兽医大学的科学家发现，主人对狗狗来说也有"安全基地"的作用，宠物与主人间的联系很像人类的亲子关系。研究人员用宠物狗做了一组实验：在"主人不在""主人在场，沉默""主人在场，给予奖励"三种条件下，让宠物狗通过摆弄玩具来赢得食物奖励，以此来观察宠物狗的动机和情绪。研究发现，当主人不在时，狗玩耍和赢得奖励的动机要低得多。而如果主人在场，即使保持沉默，对狗的情绪和动机也没有影响。这与人类婴儿与母亲的关系相似。当妈妈在场时，即使不说话，婴儿也会觉得安心。而当妈妈不在场时，婴儿可能会变得焦躁、哭闹、沉默。这种宠物与人类之间的类似亲子关系的连接，让人们感觉如同养了一个孩子，从而对它所有牵绊、记挂。

动物宠物可以通过声音、肢体动作等和主人进行互动交流，那么植物宠物是如何与人交流的呢？它有感情吗？它能够感知到人类情绪的善恶吗？看过下面的两个实验后，大家就会找到答案。

实验一：植物是有感情的

上个世纪中期，美国有位名叫克里夫·巴克斯特的情报研究专家。巴克斯特从事的主要工作是使用测谎仪进行招工检验，将通过检测的人，列入合格名单内，再进行工种调查，以分派合适的工作。在美国中央情报局对测谎仪的使用和研究工作，触发了巴克斯特生命中最重要的发现。

测谎仪是根据人皮肤中的电阻变化而绘出图线，来表达人的情绪变化状态。GSR肤电反应装置测谎仪是通过电路来反应电阻的变化。受测者的两根手指上各贴上一片电极，微量电流则会从电极的两端触角通过。

1966年2月2日早晨，在巴克斯特纽约的实验室里，他生命中最重要的一个偶然事件发生了……

当时，巴克斯特正在给庭院花草浇水，他脑子里突然出现了一个古怪的念头。也许是经常与间谍、情报打交道的原因，他竟异想天开地把测谎仪器的电极，绑到一株天南星植物的叶片上。他心里想测试一下，水从根部到叶子上升的速度究竟有多快。

结果他惊奇地发现，当水从根部徐徐上升时，测谎仪上显示出的曲线图形，居然与人在兴奋、激动时测到的曲线图形非常相似。难道植物也有情绪和思想吗？如果有，它又是怎样表达自己的情绪呢？这个推测太大胆了，但它也有可能成为科学上的待解之谜。于是，巴克斯特决心通过进一步研究来寻求答案。

可以说，在那一秒前，就是1966年2月2日，图表计时13分55秒之前，巴克斯特的生活仍依然如故。但此后他的人生目标有了改变。因为巴克斯特知道了：我的植物是有感情的。

巴克斯特形容当时的心情："你也许担心我会差点儿在早晨八点钟跑到外面的大街上——纽约的时代广场上大喊：'我的植物是有感情的！'因为即使是在纽约市的时代广场，这也会被世人认为是奇怪的举动。同时，作为一个在科学领域里涉足很久的人，这将是对我一生所接收的教育的极大挑战。"

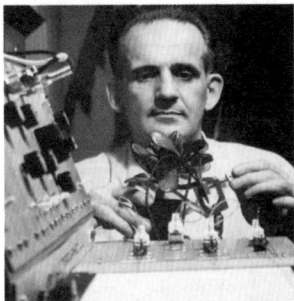

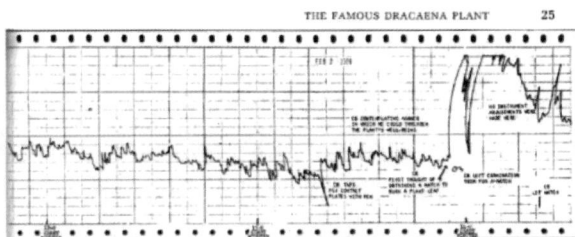

THE FAMOUS DRACAENA PLANT　25

Figure 1D - Plant Reaction at Imaged Intent to Burn Leaf

图4-2-2-3克里夫·巴克斯特(Cleve Backster)　　图4-2-2-4龙舌兰情绪变化的突变折线

图4-2-2-5 巴克斯特工作室的植物实验
甚至24小时不间断地进行着

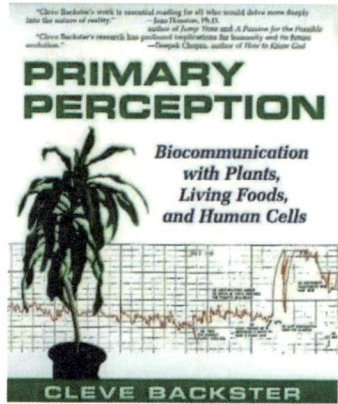

图4-2-2-6《原始感应》一书，克
里夫·巴克斯特著

实验二：被欺负的植物

2018年5月，位于阿联酋的一家宜家店和某学校（GEMS Wellington Academy）合作，将在商场里售卖的、两棵一模一样的绿色植物并排放在一起，并放置在保护玻璃罩内，周围有一个标志，指出植物和人类有相同的感觉。然后他们把这两株植物

图4-2-2-7 被欺负的植物实验

放到了这所学校里，同一个地方，左右分开，给它们相同的培养条件。实验展示了当你欺负一盆植物会发生什么：左边一盆每天都有人对它咒骂讽刺，右边一盆则每天都有人对它表扬赞美，实验的持续时间为30天。

当然，这两盆植物在其他方面的待遇是一模一样的：浇水、晒太阳、施肥等，为避免被学生无意伤害，它们还被套上了保护罩……换言之，唯一的区别就是它们所听到的语言。

图4-2-2-8 学生们都在积极参与实验

学生们为了实验也是开动脑筋，挖空心思换着花样，比如他们的言语攻击有"你看上去都烂了""你就是废物""你一无是处"……同样，夸人的词汇也是不少，比如"我就喜欢你这样子""一见你我就特开

心""世界因你而改变"……

30天后，结果出来了——被赞美的植物继续茁壮生长，生机勃勃，而被霸凌的植物明显在挣扎，叶子发枯发黄，看起来了无生气。

他们把这个实验拍成一个视频放到网上，而名字就叫：被欺负的植物。视频希望通过这个结果向大家传递一个消息：消极的语言和态度对植物尚且有致命的影响，何况人类呢，以此来呼吁大家关注校园凌霸和抵制校园凌霸。

图4-2-2-9 实验结果显示

这两个实验告诉我们，植物也是有感情的，会对消极或积极的语言产生不同的反应，通过照片和视频截图不难发现。

随着社会的发展植物宠物越来越受人们的青睐，喜欢植物的人很少会产生心理疾病，因为植物是沉默、理性、坚韧、生生不息的象征，与植物产生心灵的交流，便可从中汲取到莫大的力量。

利用无土栽培技术养花养草养宠物既能陶冶情操，让自身处于自然中，更能体会大自然的真谛，使孤寡老人和内心封闭的人们心灵得到安慰，能让他们打开心扉，更好地生活！

本章知识小结

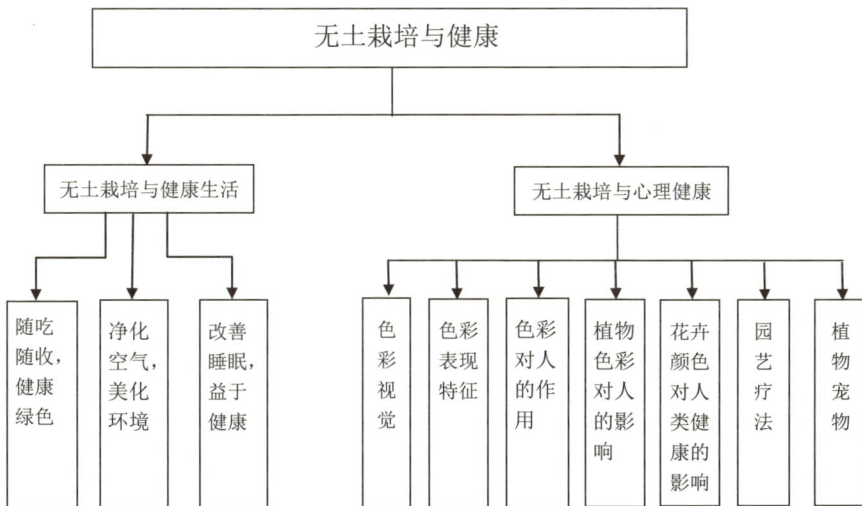

```
                          无土栽培与健康
                    ┌───────────┴───────────┐
            无土栽培与健康生活              无土栽培与心理健康
          ┌──────┼──────┐        ┌───┬───┬───┬───┬───┬───┐
        随吃   净化   改善      色彩  色彩  色彩  植物  花卉  园艺  植物
        随收   空气，  睡眠，    视觉  表现  对人  色彩  颜色  疗法  宠物
        健康   美化   益于            特征  的作  对人  对人
        绿色   环境   健康                 用   的影  类健
                                            响   康的
                                                 影响
```

本章社会实践活动

这是一个半开放的无土栽培实验，实验的时间为30天，实验对象为一棵花卉植物，但对容器、水培或基质培不做规定。在实验周期内，你要把这棵植物视为你的好朋友，精心照料它的成长，每天和它说话，让它分享你的喜怒哀乐。

30天实验周期结束，请你和小伙伴们组织一次"鲜花秀"，并带上你的这位好朋友一起出席。把你的好朋友介绍给小伙伴们认识，让他们也能分享你的爱，分享你用爱种植出的美丽。

同时，也不要忘记把你的感受记录下来，并同你的好朋友合影留念，留给十年、二十年后的自己分享哦！

思考与探究

1.运用你所学习的无土栽培知识，为你的亲人或朋友量身打造一件表达爱的礼物。

2.中西方人在情感表达方式上有哪些不同？

第三章 无土栽培与修养

> 1.无土栽培绿植花卉与培育人员修养之间的联系。
> 2.运用美学构图原则把生活中废弃的物件与无土栽培元素相融，创造成生活中的艺术品。
> 3.推广无土栽培技术，回馈于社会，服务于民众。

学习目标

人们每当看到美好的事物时就会不自觉地去欣赏它，被它陶醉，从而激发出追求美好事物的情感。久而久之，就会对一切美好事物情有独钟，自己的审美能力也会有所提高，情趣也会提升。不论是居家环境还是办公环境，只要增加一些绿植花卉，人们在栽培、管理和欣赏花卉的同时，不但能消除疲劳、陶冶情操，还能反应出主人的性格与修养。例如，菊花象征隐逸，牡丹象征富贵，莲花象征清廉，梅花象征不屈和奋斗，中国兰则有逃脱世俗的飘逸，这些摆在办公室或家里时刻提醒我们做人的节操，也能折射出主人的品味和文化内涵。

图4-3

第一节 无土栽培与艺术

艺术是修养的重要组成部分。如果说文化是修养的隐性基因，那么艺术就是修养的显性表达。众所周知，艺术来源于生活，是生活的高度提炼与升华，那么无土栽培领域里有艺术吗？当然有！而且艺术与无土栽培完美结合，还给人们的生活带来了无限的乐趣。

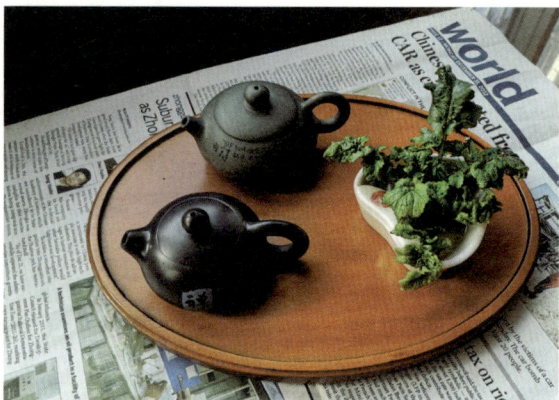

图4-3-1-1艺术的味道，也是生活的味道

一、变废为宝——装饰中的艺术

利用身边的各种生活废品来满足我们的日常需要，是当前欧美发达国家最为时尚的一种生活方式，这种被日渐接受的"低碳"生活方式也在影响着我们城市居民的爱好和习惯。利用工作、生活、生产中产生的各种废弃产物制作成漂亮、实用、低碳的DIY手工用品是当前论坛和微博中最为流行的话题之一。

以塑料瓶的二次利用制作成无土栽培容器为例，制作难度不高的一般DIY成为居家装饰的艺术品。

容器对于无土栽培来说是一个很重要的环节，它是无土栽培得以实现的载体，利用家里废弃不用的饮料瓶，就可以制作出方便好用的容器，来开启你的无土栽培之旅。

我们学习过的水培风信子，如果没有专门的水培瓶，能不能养呢？很好办，找一个空的矿泉水瓶清洗干净，从瓶身上部整个剪开，再把瓶口部分向下叠进瓶身，就做成了一个好用又专业的水培瓶，和玻璃水培瓶的效果完全一样（见图4-3-1-2）。需要注意的是，这种瓶体很轻，容易倾倒，特别是养殖风信子时，一方面要注意保留的瓶身不宜过高使花的重心下降，另一方面需要多放些石子或陶粒，以增加

图4-3-1-2

瓶子底盘重量，使它稳固。

如果是基质培，瓶身剪断后，用铁丝或锥子在瓶身上扎几个小孔来增加空气流通，矿泉水瓶就又成了实用的小花盆了。用于基质培时，也可在瓶身上横向开个天窗，瓶身横放则更加平稳。

水培经常会出现要用到定植篮的情况，而定植篮也可以通过旧物改造很容易地完成。如图4-3-1-3所示，找一个空的果冻盒，洗净后用美工刀按原有纹路削掉中间部分，只留盒子的基线部分，它就变成了好用的定植篮，直接扣进剪好的矿泉水瓶里即可。如果是比较大的瓶子，可以用铁丝拧成"S"型挂钩，挂住瓶子与定植篮进行固定，或用铁丝、锥子在瓶身上沿穿几个小洞，用线将定植篮绑在小洞上进行固定。

图4-3-1-3 利用美工刀就能将果冻盒子修改成定植篮

解决了容器的问题，接下来就可以开始在家里进行无土栽培了，利用架子、绳子、挂钩的帮助，可以轻松地实现蔬菜种植，也可以直接布置出一面漂亮的景观墙。

图4-3-1-4 一双妙手可变废为宝

除去塑料瓶这种常见的生活废品，我们废弃的餐具、看过的旧书杂志、写完的铅笔圆珠笔、废弃的瓶罐等与绿植花卉材料搭配都能成为一个艺术品。

1.勺子挂上花盆，就可以打造一面植物墙。

图4-3-1-5

2.酒瓶，装上基质土，在底部琢上洞口，做成一款唯美的花草吊饰。

图4-3-1-6

3.一个摔烂的花盆，也能做出不一样的风景，比起那些完整的花盆，反而多了一些风情和趣味，看起来也更有格调了。有时候残缺本身也是一种美，这种碎花盆盆栽不仅简洁美观，而且还充满艺术色彩。

图4-3-1-7

4.用完的洗衣液桶经过一定的加工和利用，就能蜕变成一个充满个性和活力的艺术品。

图4-3-1-8

生活废品得到的二次利用，不但更加贴近人们的日常生活，而且也更能调动整个社会的力量参与到保护环境、变废为宝的行动之中。

图4-3-1-9

二、微景观制作——方寸间的艺术

艺术无处不在，它可以是个大大的造型，也可以是书桌上方寸间的小小装饰，比如融合无土栽培技术的微景观，平凡的一些树枝花木，几片苔藓，配合造景用玩偶与彩沙石子的点缀，就成为了一种伟大的艺术表现。这种艺术既环保又赏心悦目，更便于操作实现。

1.挑选容器

首先需选择合适的容器，为了便于观赏，一般都会选择一个透明较大的玻璃缸，可以是花瓶也可以是鱼缸，也有人会选择透明的塑料瓶，但最终一定要保证容器的空间足够容纳想要栽种的植物。除此之外，还要高度适中，一般容器要比植物高出5cm。

2.挑选基质

准备好合适的容器后，就要准备栽种的基质了，由于容器没有排水孔，因此就不能和其他的盆栽植物一样使用土壤了，那用什么栽种呢？其实只要选择那些透气性好、吸水性好的基质就行了，例如陶粒、鹿沼土、水苔等。

3.挑选绿植

容器和基质都选好后，开始选择想要栽

图4-3-1-10

种的绿植，由于容器中只有一个开口，通风性不太好，因此会比较湿润，所以要选择一些耐湿而且要好养易活的植物，即使在不够通风的环境中也能够正常生长，例如瓶子草、冷水花、网纹草、苔藓等。

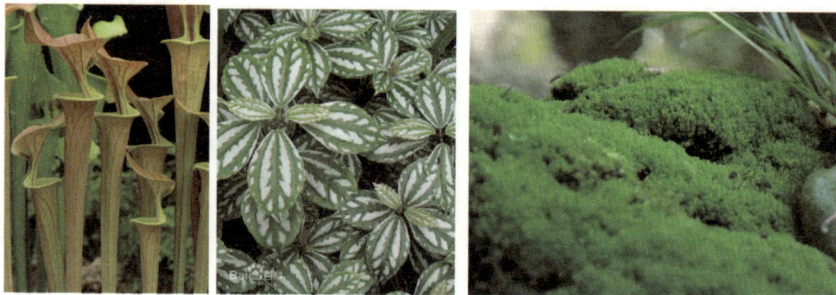

图4-3-1-11

4.栽种过程

在栽种之前要先将绿植根部的原土去掉一部分，不要去掉太多，否则就会降低成活率；然后在容器的底部放一层陶粒，再往上盖一层鹿沼土，只需2~3cm厚即可；接着就可以往基质上喷水，让其处于湿润的状态；最后再将绿植栽种进去，最好用一把长镊子将绿植放进去，这样可以避免损伤植物，也更便于栽种。

5.布景

栽种时最好要做一定的布局，让景观看起来更加精致，要体现出层次感。可以先将高挑的植物当做背景，接着将中等高的植物放中间，然后将矮小的植物放在前面，最后再用一些苔藓、沙粒等装饰一下即可，这样看起来会充满了大自然的乐趣。

6.养护

种好之后要细心养护，将其放在有散射光

图4-3-1-12

照的地方，最重要的就是控制水分。因为容器中的蒸发情况比较差，而且栽种的基质都有很强的储水性，因此一定要少浇水，只需保持里面有潮气即可。一般10～15天补充一次水就行了，补水的时候只需用喷壶喷洒基质即可。每隔3～4个月喷洒一次液肥，就能让植株更好地生长。

总之，景观犹如散落在茫茫大地上的璀璨星辰，装点着我们的生活环境。它们有的是鬼斧神工浑然天成的，有的是精雕细琢人为改造的，但其中都蕴含着奇光异彩的文化底蕴，成为人类共享的财富。

融合无土栽培技术的微景观之所以得到越来越多人们的喜爱，成为一种生活时尚是因为艺术家和设计师的创作灵感，而这种创造的灵感在很大程度上是依赖本身文化与艺术的修养，然而这种修养，又直接来源于自然、社会和历史知识的吸收。

第二节　无土栽培与责任

一个事物，诞生之初是新生事物，经过一段岁月后变成了一般事物。放眼世界，任何一个新生事物的诞生，都不可避免地伴随着质疑。而一切新生事物之可贵，就在于其有着无限的活力在成长。在这个成长的过程中它发展、壮大，践行着自己的使命和责任，从而成为一个脱离低级趣味的事物。人是这样，动植物是这样，无土栽培技术也亦然。那么，无土栽培技术因何而生？

一、生活质量的需要

由于人类的扩张活动与奢侈的物质生活消费，给大气环境和耕地带来越来越严重的污染，农业本身化学肥料和农药的不合理使用，也严重伤害土壤微生态平衡，土壤质量下降，生活在土地上的动植物、昆虫正面临生存挑战！植物生长不健康、病虫害加重、防控成本增高、食物不健康、质量安全隐患日益显现。

无土栽培是目前唯一可以完全人为调控的栽培方式，从基质、营养液原料的选择，灌溉水的指标要求，到科学配制营养，标准化的生产工艺，精准化的栽培控制，使生产的每一个环节均可实行智能化控制，确保产品的安全、无害、品质可控。

二、农业发展的需要

1.非耕地的农业生产拓展

无土栽培可用较少的基质或水肥，就能实现作物的高产栽培，可以不依附土地进行作物生产，因此，无论戈壁沙漠还是沿海滩涂，废弃工矿企业还是垃圾填埋场，只要进行环境整治，隔离这些不利因素的干扰，都可利用其接受自然阳光的地表优势，配合温室设施、栽培设施、洁净无污染的水和营养液，就可进行高质量的蔬菜、花卉生产。

图4-3-2-1

如何利用好无土栽培的优势，创造舒适的设施环境和轻松的生产作业方式，通过规模化、设施化、工厂化、智能化、标准化的生产手段，实现较少的人力投入，以规模化的生产经营，获得优质高产的园艺产品，是今后工厂化农业的发展方向和努力目标。

2.将不能再生的耕地资源再利用

耕地是一种极为宝贵的、不可再生的资源。由于无土栽培可以将许多不可耕地加以开发利用，使得不能再生的耕地资源得到了扩展和补充，这对于缓和及解决地球上日益严重的耕地问题，有着深远的意义。无土栽培不但可使地球上许多荒漠变成绿洲，而且在不久的将来，海洋、太空也将成为新的开发利用领域。

3.节水型农业、旱区农业的发展

目前水资源的问题是世界上日益严重威胁人类生存发展的大问题。不仅在干旱地区，就是在发达人口稠密的大城市，水资源缺乏也越来越严重。随着人口的不断增长，各种水资源被超量开采，某些地区已近枯竭。所以控制农业用水是节水的措施之一，而无土栽培，避免了水分大量的渗漏和流失。它将成为节水型农业、旱区农业发展的必经之路。

图4-3-2-2

4.劳动力资源短缺，工厂化农业发展

中国从2006年开始，全国各地普遍出现劳动力紧缺的现象，不仅工厂、企业招工难，农村从事农业生产的劳动力也日益减少，留守农村的妇女、老人成为农业劳作的主力军，劳动者素质普遍下降，土地及温室抛荒现象迅速蔓延。一些企业经营或合作社经营的蔬菜生产企业，招不到合适的劳动力，即使招到劳动力，工钱支出也越来越高，一亩地的设施蔬菜产出还不够支付一个劳动力的工资。劳动力工资支出已经成为农业生产企业的主要成本。

传统设施环境的土壤耕作、播种、施肥、除草以人力作业为主，生产条件简陋，劳动强度大，消耗体力较多。现代大部分年轻人都不愿从事这项工作，农业劳动力面临严重短缺和青黄不接，如果不进行科学调控和政策引导，食物安全（数量）和食品安全（质量）问题将困扰中国的经济建设、社会稳定、国家发展。

三、设施园艺的需要

1.城市立体空间的园艺生产与绿化拓展

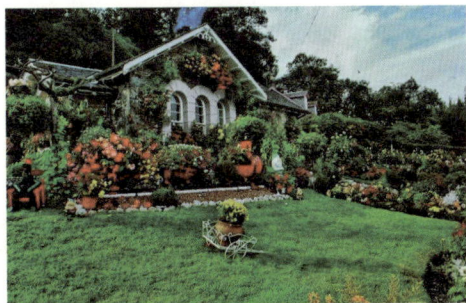

图4-3-2-3

现代城市化发展，建筑地产的盲目开发，以及工业化时代的变革，各地大中城市在未来数十年，将呈现越来越多的城市闲置建筑。如何利用闲置建筑物的室内空间和高层建筑的外立面、屋顶，拓展城市绿化空间，实现农业生产与城市生态调节功能，满足新鲜食品就近供给，绿化、美化城市生活，是未来城市发展的必然趋势。无土栽培在城市化发展和立体绿化、美化，蔬菜花卉的优质、安全、高效生产中，将扮演举足轻重的角色。

2.解决设施栽培连作障碍

我国是设施园艺大国，设施栽培面积占世界总面积的80%以上，随着温室设施栽培年限的延长，温室连作障碍问题日益严重，尤其是北方日光温室，重茬与连作障碍已经成为制约蔬菜优质、高产、高效的重大障碍，成为影响蔬菜安全性的最大症结。

温室是持久性农业设施，如日光温室和高档连栋温室，一经建成，至少可用于园艺作物生产15年以上，温室连作障碍问题不可避免。温室拆建和温室换土的成本高昂，如何实现温室的可持续生产，无土栽培是人们不得不采用的"可替代"生产方式。随着温室连作障碍的日益严重，蔬菜品质及安全性问题突出，大力推广无土栽培技术是未来中国设施园艺发展的必然趋势。

图4-3-2-4

本章知识小结

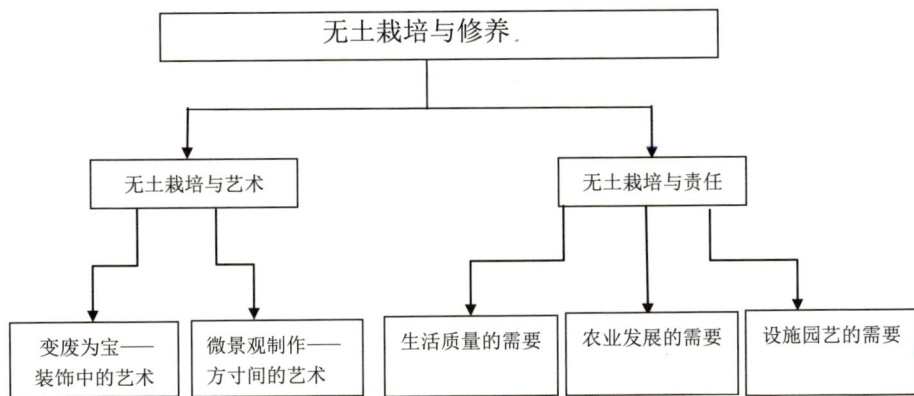

```
              ┌─────────────────┐
              │  无土栽培与修养   │
              └────────┬────────┘
            ┌──────────┴──────────┐
   ┌────────┴────────┐   ┌────────┴────────┐
   │  无土栽培与艺术   │   │  无土栽培与责任   │
   └────┬───────┬────┘   └──┬─────┬─────┬──┘
```

| 变废为宝——装饰中的艺术 | 微景观制作——方寸间的艺术 | 生活质量的需要 | 农业发展的需要 | 设施园艺的需要 |

本章实践活动

找一找，家里还有哪些闲置废弃物品可以改造成为无土栽培的容器，并尝试去改造它们。

物品名称	改造方法	照片	
		改造前	改造后

思考与探究

1.请用无土花卉装饰居家一角，既要节省空间还要具有个性化的艺术的味道。

2.请找出生活中更多无土栽培的艺术表现形式，用照片呈现出来。

附　录

内容概要

⟹ 常见营养液配方

⟹ 参考文献

常见营养液配方

营养液配方名称及适用对象	盐类化合物用量（mg/L）													元素含量（mmol/L）							备注
	四水硝酸钙	硝酸钾	硝酸铵	磷酸二氢钾	磷酸氢二钾	磷酸二氢铵	硫酸铵	硫酸钾	七水硫酸镁	二水硫酸钙	磷酸二氢钠	氯化钠	盐类总计	N		P	K	Ca	Mg	S	
														NH₄⁺-N	NO₃⁻-N						
Knop（1865）古典通用水培配方	1150	200		200					200				1750		11.7	1.47	3.43	4.88	0.82	0.82	当代仍用
Hoagland和Snyde（1938）配方	1180	506		136					693				2515		15	1	6	5	2	2	世界著名配方，用1/2剂，量较安
Hoagland和Arnon（1938）配方	945	607				115			493				2160	1	14	1	6	4	2	2	世界著名配方，用1/2剂，水较通用
Arnon和Hoagland（1940）番茄	708	1011				230			493				2442	2	16	2	10	3	2	2	
Rothamsted配方A通用（pH4.5）		1000		450	67.5				500	500			2518		9.89	3.7	14	2.9	2.03	2.03	英国洛桑实验站配方（1952），用1/2剂量较安
Rothamsted配方B通用（pH5.5）		1000		400	135				500	500			2535		9.89	3.72	14.4	2.9	2.03	2.03	
Rothamsted配方C通用（pH6.2）		1000		300	270				500	500			2570		9.89	3.75	15.2	2.9	2.03	2.03	
Hewitt（1952）通用	1181	505									160		2215		15	1.33	5	5	1.5	1.5	世界著名配方，用1/2剂，量较安
Cooper（1975）NFT通用	1062	505		140									2445		14	1.03	6.03	4.5	3	3	用1/2剂量较安

（续表）

营养液配方名称及适用对象	四水硝酸钙	硝酸钾	硝酸铵	磷酸二氢钾	磷酸氢二钾	磷酸二氢铵	硫酸铵	硫酸钾	七水硫酸镁	二水硫酸钙	磷酸二氢钠	氯化钠	盐类总计	NH₄⁺-N	NO₃⁻-N	P	K	Ca	Mg	S	备注
法国国家农业研究所及NET之用（1977）；通用于好酸性作物	614	283	240	136	17			22	154			12	1487	3	11	1.1	4.25	2.6	0.63	0.75	法国代表配方
法国国家农业研究所及NET之用（1977）；通用于好中性作物	732	384	160	109	52				185			12	1634	2	12	1.1	5.2	3.1	0.75	0.75	
荷兰温室作物研究所，岩棉滴灌用	886	303		204			33	218	247				1891	0.5	10.5	1.5	7	3.75	1	2.5	以番茄为主，也可通用
荷兰花卉研究所，岩棉滴灌用	600	378	64	204					148				1394	0.8	8.94	1.5	5.24	2.2	0.6	0.5	以非洲菊为主，也可通用
荷兰花卉研究所，岩棉滴灌用	786	341	20	204					185				1536	0.25	10.3	1.5	4.87	3.33	0.75	0.75	以玫为主，也可通用
Sideris和Young（1949），盐型，凤梨，茶，杜鹃等水培或沙培				68.5			132	174	246	172			793	2		0.5	2.5	1	1	4	强生理酸性
日本园试配方（崛，1966）通用	945	809				153			493				2400	1.33	16.0	1.33	8.0	4.0	2.0	2.0	日本著名配方，用1/2剂量较安

（续表）

营养液配方名称及适用对象	四水硝酸钙	硝酸钾	硝酸铵	磷酸二氢钾	磷酸氢二钾	磷酸二氢铵	硫酸铵	硫酸钾	七水硫酸镁	二水硫酸钙	磷酸二氢钠	氯化钠	盐类总计	NH₄⁺-N	NO₃⁻-N	P	K	Ca	Mg	S	备注
														NH_4^+-N	NO_3^--N						
日本山崎配方(1978)甜瓜	826	607				153			370				1956	1.33	13.0	1.33	6.0	3.5	1.5	1.5	按作物吸水肥规律n/ω制定的配方，稳定性较好
日本山崎配方(1978)黄瓜	826	607				115			483				2041	1.0	13.0	1.0	6.0	3.5	2.0	2.0	
日本山崎配方(1978)番茄	354	404				77			246				1081	0.67	7.00	0.67	4.0	1.5	1.0	1.0	
日本山崎配方(1978)甜椒	354	607				96			185				1242	0.83	9.0	0.83	6.0	1.5	0.75	0.75	
日本山崎配方(1978)莴苣	236	404				57			123				820	0.5	6.0	0.5	4.0	1.0	0.5	0.5	
日本山崎配方(1978)茼蒿	472	809				153			493				1927	1033	12.0	1.33	8.0	2.0	2.0	2.0	按作物吸水肥规律n/ω制定的配方，稳定性较好
日本山崎配方(1978)草莓	236	303				57			123				719	0.5	7.0	0.5	3.0	1.0	0.5	0.5	
日本山崎配方(1978)茄子	354	708				115			245				1423	1.00	10.0	1.00	7.0	1.5	1.0	1.0	
日本山崎配方(1978)小无菁	236	506				57			123				922	0.5	7.0	0.5	5.0	1.0	0.5	0.5	
日本山崎配方(1978)鸭儿芹	236	708				192			246				1380	1.67	9.0	1.67	7.0	1.0	1.0	1.0	
山东农业大学(1978)西瓜	1000	300		250				120	250				1920		11.5	1.84	6.19	4.24	1.02	1.71	在山东大面积使用可行
山东农业大学(1986)番茄、菜椒	910	238		185					500				1833		10.11	1.75	4.11	3.85	2.03	2.03	

营养液配方名称及适用对象	盐类化合物用量（mg/L）													元素含量（mmol/L）							备注
	四水硝酸钙	硝酸钾	硝酸铵	磷酸二氢钾	磷酸氢二钾	磷酸二氢铵	硫酸铵	硫酸钾	七水硫酸镁	二水硫酸钙	磷酸二氢钠	氯化钠	盐类总计	N		P	K	Ca	Mg	S	
														NH₄⁺-N	NO₃⁻-N						
华南农业大学（1990）番茄, pH6.2~7.8	590	404		136					246				1376		9.0	1.0	5.0	2.5	1.0	1.0	广东大面积可使用，也可通行，也可通用
华南农业大学（1990）果菜, pH6.4~7.2	472	404		100					246				1222		8.0	0.74	4.74	2.0	1.0	1.0	
华南农业大学（1990）叶菜A, pH6.4~7.2	472	267	53	100					264				1254	0.67	7.33	0.74	4.74	2.0	1.0	1.67	
华南农业大学（1990）叶菜B, pH6.1~6.3	472	202	80	100					246				1274	1.0	7.0	0.74	4.74	2.0	1.0	2.0	适宜用于易缺镁的作物
华南农业大学（1990）豆科, pH6.0~6.5		322		150					150	750			1372		3.19	1.11	4.3	4.32	0.61	4.97	含N低，非豆科不宜

参 考 文 献

[1]张秀丽，张淑梅.无土栽培技术[M].北京：机械工业出版社，2018.

[2]慢生活工坊.我的芽苗菜种植日志[M].福州：福建科学技术出版社，2017.

[3]王永平.无土栽培技术[M].北京：中国农业出版，2014.

[4]高丽红，别之龙.无土栽培学[M].北京：中国农业大学出版社，2017.

[5]连兆煌.无土栽培原理与技术[M].北京：中国农业市版社，1996.

[6]邢禹贤.新编无土栽培原理与技术[M].北京：中国农业出版社，2002.

[7]郭世荣.无士栽培学[M].北京：中国农业出版社，2003.

[8]刘士哲.现代实用无土栽培技术[M].北京：中国农业出版社，2001.

[9]王振龙.无土栽培教程[M].北京：中国农业大学出版社，2008.

[10]王华芳.花卉无土栽培[M].北京：金盾出版社，1997.

[11 张彦萍.设施园艺[M].北京：中国农业出版社，2002.

[12]彭东辉.水培花卉[M].北京：化学工业出版社，2012.

[13]徐卫红.家庭蔬菜无土栽培技术[M].北京：化学工业出版社，2013.

[14]宋远平.无公害蔬菜栽培新技术[M].北京：中国农业科学技术出版社，2012.

[15]王鹄生.花卉蔬菜无土栽培技术[M].长沙：湖南科学技术出版社，1994.

[16]李士军，高祖明.现代无土栽培技术[M].北京：北京农业出版社，1988.

[17]徐永艳.我国无土栽培发展的动态研究[J].云南林业科技，2002，9（3）：90-94.

[18]徐晔春.观叶观果植物1000种经典图鉴[M].长春：吉林科学技术出版社，2009.

[19]夏宜平.切花周年生产技术[M].北京：中国农业出版社，2000.

[20]任术琦.工厂化无土栽培的经营与管理[J].职大学报，2008（2）：114-118